17 460
JACQUES TATI A RÉALISÉ

4 JUIN 56   42 850   HOTEL DE VILLE
LE REMONTEUR D'HORLOGES

17 569
PRÉPARATION DU CATALOGUE
SIMCA. CAPELINES ET DÉCAPOTABLE!

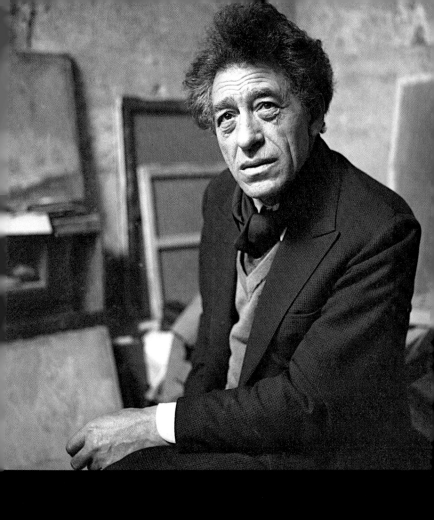

GIACOMETTI 47600 19.12.57

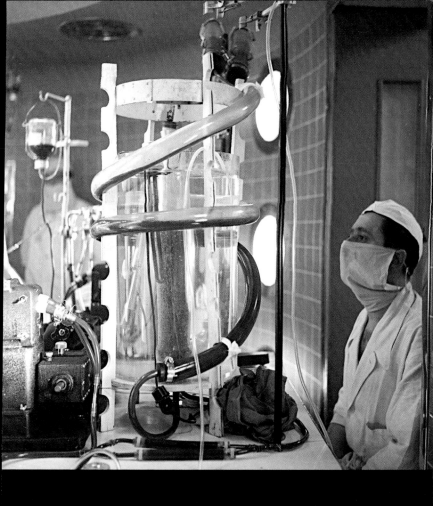

45 464
OPERATION CŒUR OUVERT
A MARIE LANNELONGUE

SOMMAIRE

Ouverture
« Un centième de seconde par-ci, un centième de seconde par-là mis bout à bout,
cela ne fait jamais qu'une, deux, trois secondes chipées à l'éternité »
(*Trois secondes d'éternité*, 1979).

12
Chapitre 1
L'APPRENTISSAGE D'UN REGARD
À l'issue d'une enfance terne et après un long apprentissage entamé au milieu
des années 1920, Robert Doisneau allait finalement, au cours des années 1930,
faire de la photographie son métier.

28
Chapitre 2
LE PLUS PARISIEN DES PHOTOGRAPHES
Dans l'effervescence de la Libération, Doisneau entreprend de construire
une œuvre centrée sur Paris et sa banlieue, qui lui vaudra rapidement
un début de reconnaissance, en France comme à l'étranger.

46
Chapitre 3
LE MÉTIER DE REPORTER-ILLUSTRATEUR
En marge de ses images de Paris et de sa banlieue, Doisneau, à l'instar de la
plupart des reporters-illustrateurs de la période, a eu, le plus souvent à des fins
alimentaires, une activité photographique très abondante et diverse.

64
Chapitre 4
LE STYLE DOISNEAU
Doisneau a affirmé depuis les années 1940 un style et une vision plus
complexes qu'il n'y paraît: empruntant à divers registres, l'humanisme
de Doisneau s'affirme au contraire d'une rare diversité.

82
Chapitre 5
L'HISTOIRE ET LA LÉGENDE
À partir de la fin des années 1970, l'œuvre de Doisneau bénéficie d'un
formidable renouveau d'intérêt, qui ira grandissant jusqu'à sa disparition,
faisant de lui le photographe français le plus populaire de sa génération.

97
Témoignages et documents

ROBERT DOISNEAU
«PÊCHEUR D'IMAGES»

Quentin Bajac

DÉCOUVERTES GALLIMARD
ARTS

"Une enfance grisâtre dans une banlieue de plâtre mou»: c'est en ces termes que Doisneau décrivait son enfance terne, à l'issue de laquelle, après quelques fausses pistes et un long et désuet apprentissage entamé au milieu des années 1920, il allait finalement faire de la photographie son métier.

CHAPITRE 1
L'APPRENTISSAGE D'UN REGARD

C'est en banlieue sud, aux portes de Paris, dans «les espaces vert-de-gris des terrains vagues» que le jeune Doisneau (à droite, vers 18 ans) réalise ses premiers clichés: «Petit à petit j'ai accumulé des images, certaines ne me déplaisaient pas, mais je me sentais bien seul; mes photos de banale banlieue ne déclenchaient aucun intérêt dans mon entourage et pour cause, je m'adressais à des banlieusards» (*Trois secondes d'éternité*, 1979).

> **MAIRIE DE GENTILLY**
>
> **EXTRAIT**
> des Registres de l'Etat Civil de la
> Commune de GENTILLY (Seine)
>
> **NAISSANCE**
>
> DÉPARTEMENT DE LA SEINE
> ARRONDISSEMENT DE SCEAUX
> Téléphone:
> ALÉSIA 29-24 / 29-25
>
> Etat Civil
> 63
>
> DOISNEAU
> Robert
> Sylvain
> Gaston
>
> Le quatorze avril mil neuf cent douze
> à 9 heure 15 du
> minutes
> Est né à Gentilly, Rue Avenue Raspail N° 21
> Prénoms: Robert Sylvain Gaston DOISNEAU
> Sexe: masculin
> Fils de Eugène Léon Gaston DOISNEAU
> Profession né à
> le 19
> Et de Sylvie Marie DUVAL, son épouse

Celui qui est né le jour du naufrage du *Titanic* à Gentilly et mort quelques kilomètres plus loin, à Montrouge, s'est toujours défini comme un «homme de banlieue»: «Je suis né à Gentilly, je me suis marié à Issy-les-Moulineaux et suis installé depuis vingt ans à Montrouge», disait-il, en 1956, avec humour et une part d'erreur (il s'est marié à Choisy-le-Roi).

Une enfance grisâtre

Robert Doisneau naît le 14 avril 1912, à vingt et une heures quinze, au domicile de ses parents, à Gentilly, dans la banlieue sud de Paris. Son père, Gaston, est métreur en couverture et plomberie à la plomberie Duval. Il a épousé une des filles du patron, Sylvie Duval. Doisneau connaît une enfance difficile, marquée par une carence affective due en partie au décès précoce de sa mère, en 1919. Le remariage de son père en 1922 le dote d'un demi-frère, presque de son âge, Lucien. C'est probablement par l'entremise de ce dernier, photographe amateur, que se fera sa première initiation à la photographie.

Enfant intelligent et turbulent, Doisneau n'aime guère l'école, sa discipline sévère, son esprit de compétition proclamé et son cartésianisme pour seul credo. C'est plutôt un solitaire qui, jusqu'à l'âge de 13 ans, rêve selon ses propres dires de «tout ficher en l'air». Il trouve du réconfort dans la pratique assidue du dessin et les vadrouilles le long des anciennes fortifications, une enfance buissonnière dont le territoire de jeu est déjà celui qui deviendra son périmètre de photographe: les «fortifs» vers la poterne des Peupliers et les abattoirs de Vaugirard, les jardins ouvriers et les bords de la rivière Bièvre, autant de lieux alors immortalisés par le photographe Eugène Atget, qui

Les exercices de gravure lithographique constituaient l'enseignement fondamental de l'École Estienne dans la formation de graveur. Doisneau s'en souviendra comme d'un jeu consistant «avec l'aide d'un compte-fils, à caser le maximum de hachures dans le minimum d'espace. Après un certain nombre de jours qui n'en finissaient pas, on obtenait un rinceau de feuillages avec un ange incorporé, un personnage allégorique ou les armes de la ville de Nancy. [...] Il ne fallait pas moins de quatre années de dressage technique et de bain culturel pour recevoir un diplôme» (*Trois secondes d'éternité*, 1979). En haut, page de droite, un de ses travaux, réalisé entre 1924 et 1929.

deviendra plus tard une de ses références majeures et qu'il aurait alors pu croiser.

Son père souhaitait que son fils ait un métier «assis». Face à son peu d'appétence pour les études classiques, ce sera une formation technique. À l'âge de 13 ans, au sortir de l'école communale, Robert Doisneau est reçu à l'École Estienne, école d'arts appliqués située dans le XIIIe arrondissement. Parmi la vingtaine d'ateliers qui lui sont proposés, le jeune Doisneau opte, goût pour le dessin oblige, pour la formation de graveur. Pendant quatre ans, au prix d'une formation sévère et un brin désuète, il va apprendre, l'œil rivé au compte-fils, la technique très méticuleuse de la gravure lithographique, alors pourtant en voie de disparition dans le secteur de l'imprimerie. Lorsque, à l'été 1929, Robert Doisneau, son diplôme en poche, sort de l'École Estienne, le métier de graveur-lithographe, lui, n'existe déjà pratiquement plus.

Le jeune Doisneau se distingue déjà au premier rang de l'équipe du club pédestre de Montrouge: le seul à avoir troqué le short blanc de la tenue réglementaire pour un short de couleur noire.

De Ullmann à Vigneau

Après quelques mois poussiéreux passés chez un vieil imprimeur-graveur dans le quartier du Marais tout en suivant des cours de dessin le soir, à Montparnasse, Doisneau, à l'automne 1929, à 17 ans, entre à l'atelier Ullmann, spécialisé en publicité pharmaceutique. Sous le titre de «dessinateur de lettres sur papier», son rôle consiste essentiellement dans un premier temps à dessiner à main levée des caractères d'affiche. Au sein de l'atelier Ullmann, on commence cependant à s'intéresser de près à la photographie, dont on sent alors qu'elle est amenée à bientôt supplanter dessin et gravure dans ce secteur d'activités. C'est là que Doisneau, en compagnie du photographe maison Lucien Chauffard, fait ses premières armes, sur le tas, avec une chambre en bois, découvrant les règles élémentaires du maniement d'appareil par la lecture des notices techniques. Il réalise alors des compositions qui lui feront dire que ses premières photographies ont été «des granules, des ampoules, des suppositoires».

Il y fait presque deux années de formation, avant de rejoindre, en décembre 1931, Chauffard parti travailler auprès d'une figure autrement créative, celle d'André Vigneau. Sculpteur de formation, inventeur des célèbres mannequins de vitrine Siégel, Vigneau est alors un des principaux photographes publicitaires parisiens. Dans le petit atelier-appartement du 22, rue Monsieur-le-Prince, Doisneau va passer, en qualité d'assistant photographe, une année essentielle à sa formation. Non seulement Vigneau lui enseigne les rudiments de la composition photographique, l'attachement à une certaine stylisation des formes, l'importance du décor pour le placement des

Ci-dessous, une image publicitaire réalisée par Doisneau pendant son passage à l'atelier Ullmann. Au tournant des années 1920 et 1930, la photographie commence à devenir, à la suite de ce qui se pratique aux États-Unis, l'instrument privilégié d'un nouveau langage commercial, accentuant le passage de l'ancienne réclame (fondée sur le texte) à la publicité (qui met en avant l'image). En cela Doisneau qui disait «être entré dans la photo avec des suppositoires» a vraiment fait partie de la première génération de photographes publicitaires.

figures, la science délicate de la lumière. Mais l'influence de Vigneau, esprit curieux, ouvert à la modernité, va bien au-delà : l'atelier est aussi l'occasion d'une ouverture intellectuelle. On y croise le peintre Raoul Dufy, les frères Prévert, alors proches des cercles surréalistes et du groupe Octobre, le jeune romancier Georges Simenon qui vient de faire paraître ses premières enquêtes de l'inspecteur Maigret, à l'occasion le grand Man Ray. On y parle d'art d'avant-garde, du Bauhaus, du dernier prix Renaudot, le *Voyage au bout de la nuit* d'un certain Louis-Ferdinand Céline ; on s'y intéresse au cinéma, des films soviétiques au *Chien andalou* de Buñuel. Pour Doisneau l'expérience, malgré sa brièveté, restera essentielle. André Vigneau sera à jamais pour lui « le Patron ».

Premiers reportages

Dès 1929, en marge de cette activité professionnelle, et parallèlement à ses premiers pas d'apprenti-photographe chez Ullmann, Doisneau commence à développer une pratique plus personnelle. Dès cette période, semblerait-il, la municipalité de Gentilly lui commande quelques images pour illustrer son bulletin. C'est dans sa ville, autour de la poterne des Peupliers et sur les « fortifs » que Doisneau réalise ses premiers clichés personnels, à l'aide du Folding prêté par son demi-frère Lucien, un appareil à soufflet utilisant des négatifs en verre de format 9 x 12 cm. Plutôt timide, le tout jeune

André Vigneau, à l'instar de nombre de photographes d'avant-garde de sa génération, s'est passionné pour le langage et l'esthétique publicitaires qu'il a contribué à styliser. De la même manière, quelques années auparavant, au sein des établissements Siégel, il avait modernisé la silhouette du mannequin de magasin.

Dans ses premiers clichés d'enfants absorbés dans leurs activités diverses, Doisneau retrouve certains sujets qu'il avait immortalisés par le dessin des années auparavant : corps en mouvement, sauts, jeux divers (à gauche, *La première maîtresse*; ci-dessous, un de ses dessins de 1923). Mais le motif de ces « gosses de banlieue » est aussi pour Doisneau dans ces années-là une forme d'autoportrait, un regard rétrospectif sur son enfance et cette banlieue parisienne avec laquelle il a toujours entretenu des relations complexes, d'attirance et de rejet : « Au fond ça m'emmerdait d'être né

homme n'ose pas encore photographier les passants. Ces premiers clichés ont alors pour sujet la matière des fortifications : pavés, objets au rebut, becs de gaz, feuilles des arbres, grilles des parcs qui dénotent un goût de la vue de détail, comme à la loupe, hérité peut-être de sa pratique de la gravure lithographique. Est-ce cette filiation qui le pousse, un jour, à prendre son courage à deux mains pour retourner à l'École Estienne montrer quelques-uns de ses essais à un de ses vieux maîtres de gravure ? Peine perdue, la réponse tombe, tranchante comme un couperet : « Vous savez comment je les appelle, moi, les photographes ? Les foutus-graphes ! »

Nullement découragé par ce jugement sans appel, le jeune Doisneau découvre pourtant bientôt, dans la rapidité de la photographie, des potentialités nouvelles : la possibilité de réaliser certaines compositions que la lenteur du trait crayonné lui interdisait, des saisies presque sur le vif de spectacles de la rue. À partir de 1932, l'achat d'un

là, de vivre dans ce décor, j'aurais préféré avoir été élevé dans un château, l'idée du petit prince me plaisait bien » (*in* Roumette, 1983).

nouvel appareil, un Rolleiflex 6 x 6, lui permet une plus grande liberté. Dans leur insouciance et leur oubli du monde extérieur, les enfants se révèlent vite ses meilleurs modèles. Dès cette période Doisneau en fait un de ses sujets de prédilection, retournant sur les terrains de jeu de sa propre enfance. Parfois, son enthousiasme naïf de débutant le pousse même à essayer l'impossible, comme lors de cette tentative de photographier, au marché aux puces de Saint-Ouen, des joueurs de bonneteau... lesquels lui intiment l'ordre de circuler rapidement. Les marchés, où les clients absorbés dans la recherche de la trouvaille ne prêtent guère d'attention au photographe, lui fournissent la matière de son premier reportage publié dans la presse, dès 1932, dans les colonnes de l'*Excelsior*.

La vie d'usine

En 1933 toutefois, les obligations militaires l'obligent à quitter Paris et André Vigneau. À son retour en 1934, ce dernier, devenu gérant de la société Caméra-films, s'est définitivement tourné vers le cinéma, voie dans laquelle, malgré l'admiration qu'il a pour lui, Doisneau ne souhaite pas le suivre. La formation reçue comme ses premiers essais personnels ont cependant durablement renforcé en ce milieu des

L'*Excelsior*, dans lequel Doisneau publie son premier reportage (ci-contre), avait été, depuis sa création en 1910, un des acteurs majeurs de l'essor du photojournalisme en France et un des premiers quotidiens à accorder à la photographie une place importante. Le sujet du marché aux puces, immortalisé par Doisneau en 1932, est alors déjà, depuis quelques années, un poncif de la photographie française: tant celle, sociale, de Bovis, Brassaï ou Kertész, que celle de la mouvance surréaliste, qui se nourrit de la poésie de l'objet au rebut. Occasion de rencontres fortuites entre l'humain et l'objet, l'animé et l'inanimé, l'ancien et le moderne, le marché aux puces se révèle un terrain privilégié pour le photographe. C'est pour Doisneau l'occasion de vaincre sa timidité en photographiant des modèles absorbés dans leur contemplation et donc indifférents au photographe. Par la suite, il réutilisera ce ressort à de nombreuses reprises, notamment dans ses séries construites autour de regards de spectateurs.

années 1930 sa volonté de vivre de la photographie. Sans doute se rêve-t-il déjà photographe reporter indépendant. Mais les temps sont durs, dans une France où les contrecoups de la crise économique de 1929 se font alors pleinement sentir. Il faut gagner sa vie et ce d'autant plus que, le 28 novembre 1934, Doisneau épouse Pierrette Chaumaison. En 1937, le couple s'installe à Montrouge, dans l'appartement qu'ils occuperont toute leur vie et dans lequel Doisneau travaillera jusqu'à sa mort. 1934 est aussi l'année où Doisneau rejoint les usines Renault: c'est encore Lucien Chauffard, devenu chef du service photographique des usines du groupe, à Boulogne-Billancourt, qui le recrute. Doisneau va y passer cinq ans, au sein d'une équipe d'une vingtaine de personnes, chargées de travaux photographiques divers: machines, chaînes de montage et bâtiments, documentation des modèles et des pièces détachées pour catalogue, travaux publicitaires et, plus exceptionnellement, clichés événementiels, comme les défilés de voitures décapotables lors des concours d'élégance au bois de Boulogne.

Si le travail de ces cinq années ne comporta, à ses dires, «rien de bien réjouissant», il lui permit cependant d'apprendre les bases et la diversité de la photo d'illustration. À l'époque du développement des premiers appareils portables et miniatures, le matériel utilisé chez Renault est d'un autre âge: chambres en bois 18 x 24 avec plaques de verre, éclairage au magnésium, un matériel encombrant, «vétuste et imprécis», obligeant par exemple le photographe à utiliser son béret pour ouvrir et fermer l'objectif de sa chambre photographique. L'homme doit faire preuve d'invention et d'une science de la débrouille et du bricolage: de la simple photographie documentaire aux clichés séduisants de la «réclame»,

«On allait jusqu'au bois de Boulogne avec une voiture pleine de dactylos et on faisait des photos. [...] On les [les dactylos] choisissait petites pour que la voiture ait l'air grande.» Beaucoup des publicités de Renault de cette période sont en effet réalisées dans une ambiance encore bon enfant et dans les environs immédiats de l'usine de Boulogne-Billancourt comme ci-dessus dans la descente de Saint-Cloud avec un cabriolet Nervasport.

L'APPRENTISSAGE D'UN REGARD

Doisneau apprend cependant à mettre en scène l'objet différemment. Frustrantes professionnellement, les années Renault se révèlent dans le même temps une expérience humaine d'une grande richesse. C'est la première fois que Doisneau côtoie d'aussi près l'univers ouvrier. S'il ne fera à l'époque que de rares portraits, individuels ou de groupe, c'est donc moins par désintérêt que par pudeur et par peur de déranger. Les mouvements sociaux qui accompagnent l'avènement au pouvoir du Front populaire et les grandes grèves de l'été 1936, à l'occasion desquelles il prend connaissance du *Manifeste du parti*

« J'ai appris chez Renault ce que signifie la fraternité des travailleurs. » Le timide photographe qu'il est encore alors avouera plus tard le respect qu'il éprouvait pour les cols bleus de la chaîne de montage, auquel s'ajoute sans doute une part de mauvaise conscience : le sentiment d'être un « col blanc » privilégié.

communiste de Marx et Engels, seront l'occasion pour lui d'achever ce qu'il convient d'appeler une prise de conscience politique: «Cette lutte précise de revendications, c'était pour moi une découverte extraordinaire.» S'il demeurera presque toujours à l'écart des partis politiques, le cœur de Doisneau photographe penchera désormais toujours à gauche.

La drôle de paix

«Doit considérer son emploi aux usines Renault autrement que par de brèves présences suivies d'absences injustifiées»: c'est en ces termes que lui est signifié, en juillet 1939, son renvoi de Renault. Non pas que Doisneau tire sciemment au flanc, loin de là. Mais l'homme depuis, deux ans, s'est lancé dans une grande entreprise photographique un peu folle qui occupe l'essentiel de ses soirées et de ses nuits, occasionnant réveils tardifs, retards fréquents et absences ponctuelles: la mise au point, en solitaire, d'un procédé de photographie couleur, l'autotype carbro. À une époque où de grandes marques (Kodak, Agfa) entreprennent de proposer leurs premiers produits couleur et où une demande dans le domaine de la presse et de la publicité commence à se faire sentir, Doisneau met beaucoup d'espoirs dans cette tentative. Espoirs déçus: non seulement l'autotype carbro ne verra pas le jour mais il conduit, dans l'immédiat, au renvoi de son inventeur.

À quelque chose malheur est bon, puisque voici Doisneau libéré malgré lui d'un emploi qu'il avait toujours considéré avec réticence car il ne pouvait y laisser s'exprimer deux dimensions essentielles à sa pratique photographique: la curiosité et la désobéissance. Ses modèles sont à cette époque

«Ma guerre, elle, n'a pas été glorieuse», reconnaissait-il volontiers en évoquant ces neuf mois de mobilisation, de septembre 1939 à juin 1940. Le récit que Doisneau fait de cette période insiste, avec pudeur, tant sur sa sensibilité pacifiste («Je suis parti à la guerre avec un livre de Giono dans ma musette, ainsi qu'un dépliant pacifiste écrit par Giono qu'avaient reçu beaucoup de gens mobilisés») que sur son dégoût pour la chose militaire, renforcé bientôt par une maladie bien

réelle, contractée à son poste d'observateur («J'avais pris froid, je me laissais mourir tellement j'en avais marre»). C'est de l'hôpital militaire de Notre-Dame-de-Bellegarde dans l'est de la France où il est soigné qu'il envoie à sa femme ce dessin, daté du 4 février 1940.

«Tous ces grands événements historiques, je les ai traversés dans l'inconscience enfantine. L'Histoire avec un grand "h" je ne sais pas ce que c'est. [...] Le dépassement de l'individu, je le trouve bien plus chez l'ouvrier qui fabrique un stradivarius que dans les grands moments d'exaltation collective» (in Chevrier, 1983). Exception dans son travail de ces années-là, *Le cheval tombé*, réalisé dans une rue parisienne en 1942, est une des rares images pouvant être lues ouvertement comme la métaphore d'un moment d'histoire, l'Occupation. Dans ce cheval à terre, incapable de se relever à cause du verglas, Doisneau voyait l'incarnation du Paris sous la botte nazie. «Paris sous l'Occupation, c'était l'humiliation. Il fallait descendre du trottoir pour laisser passer le superbe officier allemand, montrer sa carte d'identité ou ouvrir sa valise à n'importe quel coin de rue. Vous allumiez la radio, il n'y avait plus aucune émission. Une très grande tristesse» (in Hamilton, 1995).

Eugène Atget, dont les images documentaires de Paris et de ses environs se sont parées, depuis sa mort en 1927, d'une valeur artistique, mais également certains de ses contemporains, notamment les Hongrois Kertész et Brassaï, dont le *Paris de nuit*, paru en 1933, a fait sensation. C'est donc poussé par les circonstances que Doisneau va s'engager dans l'aventure de la photographie en indépendant. Comme beaucoup de photographes-reporters de sa génération, il a adopté alors le Rolleiflex et s'équipe d'un agrandisseur, installant pour la première fois dans son appartement de Montrouge un véritable laboratoire.

C'est par l'entremise de la photographe hongroise Ergy Landau, collaboratrice régulière de Lucien Chauffard qui a ouvert son studio à la Porte d'Ivry, que Doisneau fait la connaissance de Charles Rado, alors à la tête d'une des principales agences photographiques parisiennes, Rado Photos, qui emploie notamment beaucoup de Hongrois de Paris. Rado lui confie, juste avant le terrible été 1939, ce qui s'avère être sa première commande officielle: un reportage sur la descente en canoë de la Dordogne. Mais, à peine sur place, Doisneau est mobilisé, à la fin d'août, dans le 81e régiment de chasseurs à pied puis envoyé en Alsace pour y être «observateur téléphoniste». Pendant les quelques mois d'observation de la drôle de guerre, depuis un clocher d'église, il va surveiller les environs.

Les années débrouille

La drôle de guerre de Doisneau tourne court : malade, il est réformé temporairement, regagne Paris en avril 1940 avant de suivre l'exode jusqu'au Poitou. Ce n'est qu'à la fin de l'année 1940 qu'il regagne définitivement Montrouge, s'entourant toutefois de précautions, dormant notamment chez une voisine afin d'échapper au STO en Allemagne.

De l'aveu de Doisneau lui-même, la guerre fut pour lui une période d'improvisation quotidienne constante. «La guerre m'a happé», disait-il. L'homme répond alors à toutes les commandes possibles pour nourrir une famille qui s'étend avec la naissance, en 1942, de sa première fille, Annette – juste après la guerre, naîtra sa seconde, Francine. Dans un contexte de manque extrême de moyens, en indépendant – son unique commanditaire, Rado, d'origine juive, a dû quitter la France et a vu son agence confisquée – il fait feu de tout bois, sans autorisation officielle : des

Des cartes postales sur la vie de Napoléon (ci-dessus) au livre *Les Nouveaux Destins de l'intelligence française* (ci-dessous), la période de la guerre fut une initiation forcée aux multiples facettes du métier de photographe-illustrateur.

publicités minables, des illustrations de sportifs pour les brochures du ministère des Sports ou celui de la Jeunesse du gouvernement de Vichy, quelques images pour divers magazines (*Vrai*), des cartes postales sur la vie de Napoléon vendues au musée de l'Armée, des portraits des grandes figures scientifiques de la France de Vichy. Si cette dernière série est photographiquement parmi les plus intéressantes de la période, elle est malheureusement réalisée pour les besoins d'une publication vichyssoise, *Les Nouveaux Destins de l'intelligence française* (1943), préfacée par le maréchal Pétain... et fort éloignée des convictions politiques de son photographe. Au même moment, Doisneau, pour les besoins de la résistance, renoue avec son ancien métier de graveur et l'habileté manuelle acquise à l'École Estienne. Contacté par un certain M. Philippe (nom de clandestinité du peintre Enrico Pontremoli), dès juin 1941, il réalise alors toutes sortes de travaux de maquillage de documents officiels.

Cette activité intense ne l'empêche toutefois pas de photographier de manière plus personnelle, y compris en extérieur. Durant ces quelques années, tant dans la rue que dans les abris anti-aériens du métro, il prend quelques-unes de ses premières vraies compositions de groupe. Mais c'est à la libération de Paris, sur les barricades et dans les rues, que, comme beaucoup de photographes de sa génération, il réalise ce qu'il considère alors comme étant son premier travail de véritable reporter. La guerre achevée, Doisneau est prêt à se lancer dans la photographie...

Dès 1945, pour la revue *Le Point*, Doisneau réalise les illustrations d'un numéro spécial en forme d'hommage aux imprimeries clandestines sous l'Occupation. Occasion pour lui de demander à certains des acteurs qu'il avait côtoyés (dont Enrico Pontremoli, ici présent au centre de l'image) de rejouer leur rôle devant son objectif.

Double page suivante: de l'Occupation à la Libération: *Le repos du FFI* (gauche), saisi à Paris en août 1944, et des personnes dans le métro pendant une alerte, en 1942 (droite).

Dans l'effervescence de la Libération et après une rencontre décisive avec l'écrivain Blaise Cendrars, Doisneau va entreprendre de construire une œuvre centrée sur Paris et sa banlieue. Ses divers ouvrages, expositions et contributions dans la presse lui vaudront rapidement un début de reconnaissance en France comme à l'étranger.

CHAPITRE 2

LE PLUS PARISIEN DES PHOTOGRAPHES

« Il faut que cet album soit votre livre à vous. Vous avez du génie. Compris ? » Dès la fin 1945, Blaise Cendrars sera le premier à porter un regard attentif sur la production photographique de Doisneau et à le conseiller, jusqu'à la parution de leur ouvrage commun, *La Banlieue de Paris*, en 1949. À gauche, *La stricte intimité*, rue Marcelin-Berthelot à Montrouge, 1945.

Paris libéré

« C'est avec une véritable frénésie que, dès la Libération, j'ai repris le seul métier qui me tenait à cœur », écrira Doisneau en 1975. La plupart des photographes-reporters de l'époque le reconnaissent : dans une France marquée par une crise morale, dans un contexte politique et social souvent difficile et malgré une pénurie de moyens (manque de pellicules et de produits chimiques, papiers de tirage de mauvaise qualité), l'activité photographique reprend avec vigueur. Il semble bien que le public, la presse, après des années de censure et de contrôle, éprouvent une grande soif d'images, de toutes sortes.

Dès 1945, les structures de diffusion de l'image, fin de la guerre et épuration obligent, connaissent en France de nombreux bouleversements. Certaines d'entre elles, coupables de collaboration, sont fermées. D'autres, nombreuses, rouvrent leurs portes, parfois sous une forme différente. C'est

Intitulé « Notre photographe a fait le même reportage... 1.095 jours plus tard », cette série photographique, réalisée à l'initiative de Doisneau, connaîtra une première publication française en août 1947 avant d'être diffusée à l'étranger dans la presse anglo-saxonne. Doisneau y confrontait certains de ses clichés réalisés en août 1944 pendant la libération de Paris et des images prises trois ans plus tard dans les mêmes lieux.

LE PLUS PARISIEN DES PHOTOGRAPHES 31

l'une d'entre elles, Alliance Photo, fondée en 1934, que Doisneau rejoint dans un premier temps, dès 1945, en même temps que Cartier-Bresson ou Jean Séeberger. Il lui confie pour diffusion le seul travail de reportage qu'il soit à l'époque en mesure de revendiquer avec fierté, ses clichés de la libération de Paris. La collaboration est toutefois de courte durée puisque, quelques mois après, au début de l'année 1946, fidèle à la confiance accordée par Charles Rado avant-guerre, Doisneau rejoint l'agence Rapho, nouveau nom de Rado Photos. L'agence, qui vient de rouvrir avec un nouveau directeur, Raymond Grosset, ancien combattant des Forces françaises libres, va attirer nombre de photographes de la génération de Doisneau, de Willy Ronis à Sabine Weiss ou Émile Savitry et devenir un des grands diffuseurs, en compagnie de l'agence Magnum, créée l'année suivante, de l'esthétique de la photographie dite humaniste à la française. Elle sera, pour Doisneau, l'agence avec laquelle il travaillera sa vie durant.

Dès cette période, Doisneau fait de très nombreuses rencontres qui vont orienter ses toutes premières collaborations avec la presse, en 1945-1946. Tout d'abord celle de Pierre Betz, personnage étonnant, éditeur solitaire à Souillac, dans le Lot, d'une revue née en 1936 et poursuivie dans la clandestinité, *Le Point*. De cette revue littéraire et artistique comme l'indique son sous-titre, dont chaque numéro est consacré à un thème ou un artiste, Doisneau va être le principal collaborateur pendant une décennie. Ou encore Pierre Courtade, rédacteur en chef du nouvel hebdomadaire communiste *Action*, auquel, de 1945 à 1949, Doisneau fournit la quasi-totalité des

Dans ses archives Doisneau a conservé, collées sur des cartons, certaines des premières images publiées au lendemain de la guerre dans le journal communiste *Action* (ci-dessous). Créé en 1943 dans la clandestinité, sous-titré «hebdomadaire de l'indépendance française», *Action* affiche dans ses premières années une ligne éditoriale ouverte à diverses sensibilités politiques de gauche. Accordant une place prépondérante au dessin et à la caricature, il publie aussi parfois des photographies en pages intérieures.

images, du reportage au portrait en passant par l'illustration – notamment avec une photographie pour chacune des dix-huit parutions du roman de Simenon, *L'Âne rouge*.

Cendrars et *La Banlieue de Paris*

Néanmoins, la rencontre décisive pour Doisneau est, en octobre 1945, celle de l'écrivain Blaise Cendrars. Maximilien Vox, qui est son éditeur chez Denoël, envoie Doisneau réaliser le portrait de Cendrars à Aix-en-Provence où il réside. Doisneau l'y trouve, béret sur la tête, mégot aux lèvres. Entre les deux hommes, le courant passe immédiatement. Écrivain, poète et reporter, lié aux avant-gardes littéraires et artistiques de l'entre-deux-guerres, Cendrars est alors un homme plutôt solitaire et reclus, qui a volontairement passé la guerre dans le retrait et le silence, s'interdisant toute publication depuis 1939.

Connaisseur intime de Paris et de sa banlieue, héraut des milieux et de la culture populaires dès les années 1930, comme Francis Carco et Mac Orlan, Cendrars est également une des figures de proue du mouvement «populiste» qui connaît encore une belle visibilité. Ses thèmes de prédilection, tirés de la culture populaire, rejoignent ceux de Doisneau et il s'enthousiasme pour ses photographies de la banlieue parisienne, l'encourageant non seulement à persévérer mais lui trouvant un éditeur, Seghers, pour son premier livre. À partir de 1948, les deux hommes travaillent de concert mais à distance, à cette première publication. Si l'un écrit le texte de préface et l'autre réalise les images, la genèse de l'ouvrage est plus complexe: mis en pages et conçu dans son articulation par Cendrars, l'ouvrage est le fruit d'un

Doisneau était reconnaissant envers Cendrars (ci-dessus), tant pour l'enthousiasme que pour la sévérité dont il avait fait preuve face à certaines de ses images de banlieue parfois trop répétitives et systématiques à ses yeux: «J'ai montré à Cendrars mes documents sur les faubourgs de Paris. Il les a regardés longuement et il m'a dit "Vous avez trouvé un truc" [...]. J'exploitais un filon. Son jugement était sévère mais juste. Du coup il m'a remis sur les rails... Merci monsieur Cendrars! Sans lui, j'aurais fait 36000 photos de mes petits mômes» (*in* Hamilton, 1995).

travail et d'un dialogue communs, Cendrars allant jusqu'à proposer des sujets, voire décrire de manière très précise certaines images qu'il aimerait voir figurer dans le recueil.

À la fin 1949, paraît *La Banlieue de Paris*, premier ouvrage monographique de Doisneau, dont le nom n'apparaît pourtant que sur une des deux couvertures de l'édition originale. Si le texte de Cendrars jure parfois par son acidité avec l'esprit des images, qu'il peut orienter parfois de manière trop pessimiste, l'ensemble est l'occasion pour Doisneau de présenter une sélection de cent cinquante images prises pendant ses quinze premières années de photographe. De la naissance à la mort, de la rubrique «Gosses» aux vues de cimetière et de corbillard de «Terminus», à travers les sections «Amours», «Décors», «Dimanches et fêtes», «Loisirs», «Travail», le livre est aussi l'occasion de montrer l'attachement que Doisneau porte à la saisie de l'humanité.

Doisneau aimait beaucoup ce cliché car il constituait à ses yeux un bon exemple de composition réussie, ménageant de l'espace autour des personnages: «Elle [la bonne distance] m'a surtout été dictée par la timidité. Je regrettais de ne pas pouvoir être plus proche des gens, mais je n'osais pas trop m'approcher. Et c'est vraiment ces images, qui ont beaucoup d'air autour, qui sont les plus touchantes, maintenant. Comme celle du cyclo-cross à Gentilly, par exemple» (*in* Roumette, 1983). Pages suivantes, *La Banlieue de Paris*.

34 CHAPITRE 2

DÉCORS

LE PLUS PARISIEN DES PHOTOGRAPHES

Amitiés et complicités

C'est également à cette période que, par-delà la décisive rencontre de Cendrars, Doisneau se crée un réseau d'amis et de complices, dont beaucoup d'ailleurs sont écrivains. Tous partagent une même passion pour le Paris populaire et insolite, le folklore et l'art de la rue, l'argot, les enseignes, les graffitis et les tatouages, la pègre et le demi-monde. Ce groupe se réunit dans la boutique de Robert Miquel, dit Romi, antiquaire au 15, rue de Seine, dans laquelle Doisneau réalise sa célèbre série de photographies *La vitrine de Romi*, en 1948. Miquel est un personnage étonnant, aux goûts éclectiques, collectionneur d'objets et de mobilier 1900, collaborateur régulier de la revue *Point de vue Images du monde* pour laquelle il réalise alors, en compagnie de Doisneau, nombre de reportages sur des individus remarquables. Chez Romi on peut croiser Jacques Delarue, historien, passionné par le monde de la pègre et futur inspecteur de police, Michel Ragon, jeune critique, historien d'art, féru d'art brut, et surtout Robert Giraud, alors le principal complice de Doisneau. Ancien résistant, écrivain et poète des zincs parisiens, bouquiniste du quai Voltaire, Giraud publiera en 1955, grâce à l'appui de Jacques Prévert et de Doisneau, son ouvrage sur le monde des bistrots parisiens, *Le Vin des rues*. Giraud l'initie au monde de la nuit : c'est en sa compagnie que Doisneau va mener de nombreuses virées nocturnes dans les bars et cafés parisiens, à l'issue de ses journées de travail.

En 1948, Romi accrocha dans sa vitrine un tableau un peu leste. L'intérêt des passants poussa Doisneau à réaliser la série *La vitrine de Romi*. « Le reflet de la glace et l'intérêt du tableau me rendaient invisible. J'étais assis dans un fauteuil, relié par un fil électrique à l'appareil posé sur un meuble. La chasse aux expressions a duré deux jours. Je l'ai un peu prolongée pour le plaisir. Quand ce reportage a été publié en 1949 dans *Point de vue* [ci-dessous], il est arrivé des lettres du monde entier adressées « Romi-France » : « je veux cette toile, connaissez-vous d'autres œuvres de ce Wagner ? » (in *Instantanés de Paris*, 1955). L'image fut publiée à l'époque faussement créditée Doisneau et Ronis.

Sous l'influence de Robert Giraud, Doisneau, à partir de 1947-1948, entreprend de s'intéresser à des figures de la marge, croisées entre autres dans les bistrots de Maubert et des Halles : ainsi Coco (ci-contre), client du Diable vert, bistrot proche des Halles, sujet d'un reportage que Doisneau réalise en 1952 en compagnie de Romi et qui paraît dans *Point de vue Images du monde*. Ou Richardot (ci-dessous), ancien du bagne, l'homme le plus tatoué de France, pour un livre paru en 1950 sur les tatouages du milieu : « Le chef-d'œuvre était Richardot, oblitéré

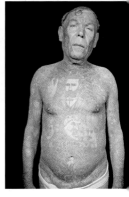

Lorsqu'on ne se réunit pas chez Romi, on va juste à côté, chez Fraysse, le bar tabac de l'Institut : les habitués des lieux ont pour nom Maximilien Vox, le voisin de la rue Visconti, César, le tout jeune sculpteur, Maurice Baquet, le comédien, ou encore les frères Prévert. Si Doisneau jeune avait croisé ces derniers brièvement dans l'atelier d'André Vigneau au début des années 1930, ce n'est qu'à cette période, à partir de 1947, qu'il se lie d'amitié avec Jacques Prévert. Ancienne figure du surréalisme d'avant-guerre, c'est un véritable touche-à-tout, poète, écrivain, scénariste des grands films

du crâne aux orteils, une toile de Jouy sur pied. [...] Les enfants se sont cachés sous le lit quand il est venu à la maison » (*Trois secondes d'éternité*, 1979).

populistes de Carné (*Le Quai des brumes*, *Le jour se lève*, *Les Portes de la nuit*) marqués par l'esthétique d'un Mac Orlan et les photographies de Brassaï. Il restera à jamais pour Doisneau la référence. «Le rêve, le merveilleux, c'est à Prévert que je le dois», dira-t-il. Si curieusement ils ne signeront aucun livre ensemble, c'est Prévert, l'ancien surréaliste, qui lui apprend à chercher le merveilleux dans le quotidien, la rencontre fortuite, le hasard.

À ces noms, il conviendrait d'en ajouter beaucoup d'autres, tant la pratique photographique et l'œuvre de Doisneau sont indissociables des rencontres humaines, qui les influencent et les nourrissent. On pourrait ainsi y ajouter toute une génération de jeunes écrivains, hérauts du Paris populaire qui évoluent dans son entourage et avec lesquels Doisneau entretient des liens d'amitié: Jean-Paul Clébert qui, dans son *Paris insolite* paru en 1952 et dédicacé à Doisneau, se remémore son existence de clochard, mais également René Hardellet, André Vers, ou René Fallet, lauréats pour certains du prix du roman populiste et adoubés par leurs aînés de la génération précédente, les Prévert, Mac Orlan (qui signe son *Voyage dans Paris* en 1949) et Cendrars, dont ils prolongent, après-guerre, les préoccupations et les idées.

C'est à l'occasion d'un reportage réalisé en 1956 pour l'ouvrage *Pour que Paris soit*, que Doisneau fait la connaissance de Raymond Queneau. Lui ayant demandé dans quel décor parisien il se verrait bien photographié, Doisneau s'entendit répondre par l'intéressé qu'il était à l'aise dans «les rues qui ne ressemblent à rien». Ce sera finalement, après une de ses promenades parisiennes solitaires d'après-midi que Queneau appréciait particulièrement, un endroit banal du XIIe arrondissement, dans la rue de Reuilly, qui servira de cadre à ce portrait.

Les livres sur Paris

Si *La Banlieue de Paris* est pour Doisneau une magnifique aventure humaine et assoit sa renommée grandissante de nouveau venu prometteur, elle ne se révèle pourtant pas un succès de librairie, loin s'en faut. L'ouvrage n'en marque pas moins pour le photographe le début d'une intense activité éditoriale. De 1950 à 1956, il fait paraître six livres différents autour du seul thème

de «Paris»: aux deux ouvrages collectifs publiés en 1952 (*Sortilèges de Paris* avec treize photographies et *Paris* avec vingt-neuf photographies), succèdent quatre livres du seul Doisneau: *Les Parisiens tels qu'ils sont* (1954), *Instantanés de Paris* (1955), *Pour que Paris soit* (1956) et *Gosses de Paris* (1956). À ces titres, s'ajoute le roman de Claude Roy, *L'Enfant de Paris*, dont l'édition originale de 1951 contient quatre clichés de Doisneau.

À l'origine de ces ouvrages, trois maisons d'édition qui publient à cette période l'essentiel des livres de photographies et avec lesquelles Doisneau poursuivra une collaboration fructueuse: La Guilde

❝Un jour pour une photo en Provence, Prévert voulait m'épater avec le nom des rues, moi avec ce que j'avais découvert. Il faisait chaud. Il était là avec son chien. Deux chaises en fer. Un guéridon.
– «Je suis un peu avachi sur la photo.» – «Tu es effondré par la bonté du monde.» Alors il a fait cette dédicace: «Effondré par la vacherie du monde».❞
Doisneau/Prévert, 1994

❝L'élégance de Jacques Prévert est faite de cette allégresse légère que l'on retrouve dans sa façon de faire danser les mots.❞
À l'imparfait de l'objectif, 1989

❝Pour un type qui se balade en solitaire comme moi, tout seul, sans programme, une chanson de Prévert, ça aide, ça tient compagnie (le grand plombier zingueur). Et puis, il m'a aidé aussi, je crois, par la signification merveilleuse des mots. Leur gouaille. Leur richesse. Ça a compté pour moi dans le choix des décors, des objets, des personnages. Pourquoi ne pas essayer de montrer la beauté? Prévert a repris des mots laissés pour compte et en a montré le côté flamboyant, merveilleux. On pouvait transposer ça en faisant des images dessus.❞
Doisneau/Prévert, 1994

du Livre, maison d'édition suisse dirigée par Albert Mermoud, pour laquelle Doisneau continuera à travailler, y compris de manière plus alimentaire, jusque dans les années 1960 et dont *La Banlieue de Paris*, coédité avec Seghers, est le premier des ouvrages illustrés de photographies. Arthaud, basé à Grenoble, dont la collection «Imaginaires» accueillera la plupart des photographes humanistes de la période. Le jeune Robert Delpire, enfin, qui, venu du monde de la publicité, lance, à partir du milieu des années 1950, une revue, une collection de livres de poche, «Huit», et bientôt une galerie.

Cette fièvre éditoriale s'inscrit dans une vague du livre de photographies: dans le climat d'après-guerre qui veut promouvoir une image réconfortante et pittoresque de la France, se multiplient les ouvrages illustrés de photographies sur le sujet, mettant en dialogue clichés et textes d'écrivains. Cette collaboration n'est pas en soi nouvelle, elle poursuit un mouvement entamé dans l'entre-deux-guerres et dont le premier exemple en France demeure un des livres les plus admirés par Doisneau, le *Paris de nuit* de Brassaï préfacé par Paul Morand. Mais le phénomène s'amplifie: Ronis et Mac Orlan (*Belleville-Ménilmontant*, 1949), Claude Roy et Paul Strand (*La France de profil*, 1954), ou encore le *Paris des rêves* d'Izis (1950), un des rares, parmi cette production, à avoir constitué un véritable succès de librairie de l'époque.

Dédicace à ses parents: Doisneau s'est volontiers présenté comme un éternel enfant, y compris dans son approche ludique et amateur de la photographie.

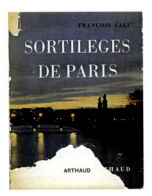
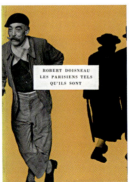

En cela donc Doisneau ne fait pas exception à la règle, tous ses ouvrages font appel pour les textes à un auteur extérieur, souvent écrivain: Cendrars encore, Giraud, et même, dans *Pour que Paris soit*, Elsa Triolet. Leur parution dans une période de temps très rapprochée accentue l'enracinement parisien du travail de leur auteur, le seul à avoir tant publié autour de ce seul sujet dans ces années-là. D'esprit et de format très différents, la plupart de ces titres contrastent avec le climat sombre qui régnait sur *La Banlieue de Paris*. Privilégiant les séquences, mêlant le texte et les images, *Instantanés de Paris* et *Les Parisiens tels qu'ils sont* mettent en avant la dimension narrative du travail de Doisneau et accentuent l'humour qui s'en dégage, préfigurant en cela la réception que lui réserveront les générations futures. Quant à *Pour que Paris soit*, qui associe aux images de rues des portraits d'artistes et des clichés de mode, il inaugure déjà la rencontre de Doisneau avec la modernité des Trente Glorieuses.

«Les livres? Peut-être que ça vient du cinéma, une envie de voir des suites d'images.» Passé *La Banlieue de Paris* et sa tonalité souvent grise, les ouvrages sur Paris du début des années 1950 prennent un ton plus enjoué. Les choix faits par Robert Delpire pour *Les Parisiens tels qu'ils sont* et par Albert Plécy pour *Instantanés de Paris* offrent une vision plus joyeuse de l'œuvre: images et mises en pages plus narratives, clichés au cadrage plus serré, s'attachant aux individus davantage qu'à leur environnement, insistance plus systématique sur la dimension humoristique. C'est cette vision qui s'exporte à l'étranger dès la seconde moitié des années 1950.

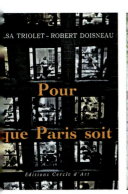
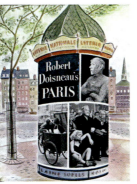

La reconnaissance nationale...

La visibilité progressive du travail de Doisneau est favorisée par l'émergence, dans cette période de l'après-guerre, de nouvelles structures de diffusion de la photographie artistique en France, qui pour la plupart d'entre elles se font le relais de la photographie humaniste: le «groupe des XV» tout d'abord. Créé en mai 1946, à l'initiative d'André Garban, photographe-portraitiste, membre de plusieurs organisations professionnelles et conseiller de Kodak en France, le groupe, en rassemblant des photographes de plusieurs générations, anciens (Lorelle, Sougez) et jeunes (Ronis, Doisneau, Masclet, René-Jacques), dresse un pont entre les années 1930 et la période contemporaine. Conviviales et passionnées, les réunions du groupe ont lieu chez les uns et les autres, ou au restaurant: on y parle technique photographique et art. Chaque année est l'occasion d'une nouvelle exposition des œuvres du groupe, dans une structure privée – galerie Kodak, place Vendôme, galerie Pascaud, Cercle de la librairie –, auxquelles Doisneau participe...

amson
auradon
bovis
doisneau
garban
pierre ichac
jahan
lorelle
michaud
pottier
rené jacques
ronis
seeberger

du groupe des

En haut, le groupe des XV au grand complet et en grand appareil dans le jardin des Tuileries. On reconnaît, de gauche à droite: René-Jacques, Séeberger, Bovis, Amson, Auradon, Garban, Pottier, Lorelle, Ronis, Masclet, Chevallier, Michaud, Jahan, Sougez et Doisneau, légèrement à part, ne regardant pas l'objectif, avec son éternel Rolleiflex posé sur la balustrade devant lui.

La principale manifestation de la période est toutefois le salon de la Nationale, nouvel événement annuel qui, à partir de novembre 1946, se tient à la Bibliothèque nationale. Initiative conjointe de l'institution et de la Confédération française de la photographie présidée par André Garban, le nouveau salon entend mettre en valeur la production française et demeurera dans ces années-là la principale vitrine du mouvement de la photographie humaniste tout en conférant à la photographie de reportage et d'illustration une légitimité nouvelle. Doisneau en est un des piliers puisqu'il participe à dix des treize éditions qui y sont organisées entre 1946 et 1961.

Indice du nouveau statut acquis par Doisneau, il se voit décerner en 1947 le prix Kodak, créé l'année précédente pour célébrer un jeune talent. Neuf ans plus tard, en 1956, c'est le prix Niépce qui salue le développement de son œuvre dans l'après-guerre. Décerné depuis 1955 par l'association Gens d'Images, qui entend, sous la direction d'Albert Plécy, homme de presse, rédacteur en chef du *Parisien libéré* puis de *Point de vue Images du monde*, établir un dialogue entre photographes et circuits de diffusion, le prix vise à récompenser un jeune photographe talentueux.

... et internationale

Très tôt, dès la fin des années 1940, la renommée de Doisneau a franchi les frontières. Par le biais de la presse internationale tout d'abord, toujours avide de photographies et de reportages sur une ville de Paris qui jette alors ses derniers feux de capitale culturelle et artistique du monde.

L'heureux vainqueur du prix Niépce 1956, Robert Doisneau, embrassé par la petite-nièce de Nicéphore Niépce, Janine Niépce – qui était à la même époque également membre de l'agence Rapho et présidente du prix. Après Jean Dieuzaide l'année précédente et juste avant Denis Brihat l'année suivante, Doisneau est le deuxième lauréat d'un prix qui continue encore aujourd'hui à être décerné annuellement.

Le prix Niepce 1956 destiné à récompenser le photographe dont l'œuvre a été particulièrement remarquée au cours de ces dernières années, a été attribué à Robert Doisneau. Voici Jeannine Niepce, petite-nièce de Niepce, félicitant le lauréat (A.G.I.P.)

Paris trois ans après, La vitrine de Romi, les images d'amoureux s'embrassant, et d'autres séries photographiques nées de l'imagination de Doisneau connaissent une forte diffusion, à la fois dans la presse magazine grand public mais également dans la presse photographique spécialisée qui fait alors la part belle au courant français humaniste. Dès les années 1940, Doisneau est présent dans les pages d'*US Camera, Caméra* (revue suisse) ou la revue anglaise *Photography Annual*. À partir des années 1950, certains de ses ouvrages sur Paris font l'objet de traductions et d'adaptations, aux États-Unis ou en Allemagne: *Instantanés de Paris* devient *Robert Doisneau's Paris* (1956, Simon and Schuster); *Pour que Paris soit* sort en Allemagne en 1958 sous le curieux titre en allemand, réminiscence de Brassaï et Kertész, *Paris bei Tag - Paris bei Nacht* («Paris de jour, Paris de nuit»).

Mais c'est également par le biais des expositions que Doisneau connaît à cette période-là un fort rayonnement. Il est, en compagnie de son contemporain Cartier-Bresson et de son aîné Brassaï, entre 1948 et 1955, le photographe français le plus exposé et apprécié aux États-Unis. Dès 1948, une trentaine de ses images figurent dans «French Photography Today», exposition de cent vingt tirages organisée à New York par le photographe Louis Stettner et avec les conseils de Willy Ronis pour la Photo League, groupement de photographes amateurs à sensibilité de gauche. Trois ans après, toujours à New York, ce sont presque les mêmes photographes (Boubat, Brassaï, Cartier-Bresson,

Le numéro de février 1959 d'*Infinity*, la revue de la société américaine des photographes de magazine, consacre sa couverture et un long article à Doisneau (à gauche).

LE PLUS PARISIEN DES PHOTOGRAPHES

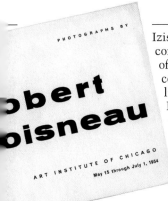

Izis et Doisneau) qui connaissent au Museum of Modern Art la consécration avec l'exposition «Five French Photographers» qui regroupe cent quatre-vingts photos et tournera jusqu'en 1957 dans plusieurs villes des États-Unis.

Pourtant la célèbre exposition «The Family of Man», organisée en 1955 par Steichen et supposée célébrer une photographie humaniste, n'accordera qu'une place très limitée à la photographie française: 31 clichés sur 530 images. Avec 5 images, Doisneau en est le photographe français le mieux représenté. Au même moment, ses travaux sont inclus en Allemagne dans la première exposition de «La photographie subjective», organisée par Otto Steinert.

C'est encore les États-Unis qui lui accordent les honneurs de sa première exposition rétrospective. En 1954, à l'initiative de l'historien de la photographie Peter Pollack, l'Art Institute de Chicago présente une cinquantaine de photographies au public américain, dans une exposition qui tournera à La Nouvelle-Orléans puis à Minneapolis. En dix ans, de l'après-guerre au milieu des années 1950, Doisneau est devenu une figure de référence de la photographie française contemporaine, tant en France qu'à l'étranger.

Sous le titre, «Photographies humoristiques et satiriques de Paris», la première exposition monographique de Doisneau se tient du 15 mai au 1er juillet 1954, à l'Art Institute de Chicago et rassemble, selon le livret de présentation cinquante-deux tirages, essentiellement depuis 1945. Le titre indique bien la façon dont le travail de Doisneau est perçu: celui d'un humoriste, dont le sens de la stylisation le rapproche de certains caricaturistes et dessinateurs.

C'est pour un public américain, à l'occasion d'une commande de l'hebdomadaire *Life* sur le thème quelque peu conventionnel des amoureux à Paris, que Doisneau réalisa au printemps 1950 un assez grand nombre de clichés mettant en scène des couples s'embrassant dans les rues et dans divers lieux typiques de la capitale (Opéra, Saint-Lazare, La Madeleine, etc.). Parmi eux figure *Le baiser de l'Hôtel de Ville* que les éditeurs de *Life* de l'époque ne mirent cependant pas particulièrement en valeur dans leur mise en pages.

« J'ai acheté mon appartement et élevé mes enfants grâce aux notices de graissage et aux biscuits », se rappelait Doisneau. Les images de Paris et de sa banlieue ne représentent en effet qu'une part finalement minoritaire d'une production très abondante de reporter-illustrateur, souvent réalisée à des fins alimentaires.

CHAPITRE 3
LE MÉTIER DE REPORTER-ILLUSTRATEUR

De la réalisation de publicités à celle de couvertures de romans policiers, en passant par la presse illustrée et la littérature enfantine, c'est toute la gamme de la photographie d'illustration que Doisneau a couverte et dont il a vécu jusque dans les années 1970. À gauche, Doisneau en prise de vue dans son atelier, vers 1945.

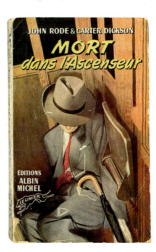

L'agence Rapho

De 1946 à sa mort, Doisneau travaillera avec l'agence Rapho, pour laquelle il réalise toutes sortes de travaux, allant de la commande de presse, du reportage, aux portraits, à l'illustration et à la publicité, en passant par divers types de photos documentaires. L'homme conserve cependant son autonomie, travaillant pour l'agence à la commande et non comme salarié, apportant d'ailleurs souvent lui-même des sujets ou projets que l'agence se charge ensuite de placer. Une situation qu'il partage avec la plupart de ses confrères parisiens, et qui se distingue par exemple des États-Unis où, à la même période, le photographe de presse est le plus souvent attaché directement à un organe de presse spécifique. Doisneau conservera avec Rapho le même mode de fonctionnement même lorsque, pour deux ans, entre 1949 et 1951, il sera brièvement engagé par le journal *Vogue*.

L'agence Rapho est alors située 8, rue d'Alger, dans le Ier arrondissement. Elle rassemble toute une génération de photographes à la sensibilité progressiste ou de gauche, parfois proches du parti communiste. Jusqu'aux années 1990, elle demeurera dirigée par Raymond Grosset, interlocuteur privilégié de Doisneau, alliant fermeté et compréhension face à un photographe parfois insaisissable et désobéissant.

Doisneau s'est toujours considéré comme un photographe de presse et un reporter – il accepta même d'être président de l'Association nationale des journalistes reporters photographes et cinéastes, de 1960 à 1980. La lecture de ses agendas (ci-dessous), tenus à partir de la fin des années 1940 et soigneusement conservés pour l'essentiel, donne une idée de la diversité voire de l'éclectisme de ses occupations, certaines pages ressemblant à un inventaire surréaliste à la Prévert entre « pays Verzenay » et « Elsa Triolet ».

Ci-contre, les membres de l'agence Rapho fêtent Noël 1953: Doisneau au premier rang, au centre, active le déclencheur à distance. Tous les témoins et protagonistes des premiers temps de Rapho, dont Sabine Weiss (debout à gauche) et Ergy Landau (à ses côtés), autour de Raymond Grosset, ont souligné le caractère très familial et artisanal de la structure: un directeur – l'agence est installée dans une pièce de son appartement qui abrite aussi la maison de couture de sa sœur – secondé par une secrétaire qui allait démarcher et vendre les reportages à bicyclette.

De *Vogue* à *La Vie Ouvrière*

Durant l'après-guerre, Doisneau va abondamment travailler pour la presse de tous horizons, alternant reportages, portraits, images de mode. Pour une presse engagée tout d'abord: la presse communiste, (*Regards* et *Action* jusqu'en 1949), puissante alors et avec laquelle Doisneau se sent le plus en phase, cette période correspondant à l'exact moment où il est membre du PCF (de 1947 à 1949). Puis le magazine *Réalités*, créé en 1946, revue humaniste et progressiste, dans laquelle l'image photographique tient une place importante, à laquelle Doisneau collabore à partir de 1949-1950. Parallèlement il continue à contribuer régulièrement au magazine *Le Point* de Pierre Betz et surtout à *Point de vue Images du monde* de son ami Albert Plécy, pour lequel il réalise nombre de reportages, souvent en compagnie

"À un autre croisement, j'ai trouvé Raymond Grosset. Il revenait de la guerre et voulait ajouter à ses exploits héroïques la décision, qui ne l'était pas moins, de réanimer l'agence Rapho. Enfin quelqu'un allait canaliser mes aptitudes aux travaux pratiques. Alors a commencé une collaboration qui dure jusqu'à ce jour où je suis devenu le meuble le plus patiné de l'agence. À mes yeux, une rencontre heureuse. Je ne sais pas ce que lui en pense."

À l'imparfait de l'objectif, 1989

de son compère et ami Romi. Plécy s'y montrera d'ailleurs un des principaux soutiens de Doisneau, notamment dans sa rubrique hebdomadaire «Le salon permanent de la photographie», où il présente les travaux de ses contemporains: avec quinze articles différents, Doisneau sera la figure la plus fréquemment célébrée.

Mais c'est pour la revue *Vogue*, alors dirigée par Michel de Brunhoff, qu'il travaille le plus, notamment entre 1949 et 1951, lorsqu'il en est salarié: de la mode, du reportage, parfois en compagnie d'Edmonde Charles-Roux, courriériste puis rédactrice en chef, du portrait et des chroniques de la vie mondaine. De ces «années *Vogue*», Doisneau se souviendra souvent comme d'une erreur d'aiguillage, l'expérience de ne pas être à sa place à laquelle se mêle sans doute la mauvaise conscience d'une trahison de classe face à ce qu'il qualifiera laconiquement de «photographie de baronnes». Elle le forcera à mener, pendant deux ans, une existence double, éclatée entre les travaux professionnels diurnes et mondains et les petites heures de la nuit, où en compagnie de son ami Giraud, il fréquente bas-fonds et bistrots, en finissant les pellicules entamées dans la journée, faisant se côtoyer sur ses planches-contacts belles et clochards, monde et demi-monde. «La cloche après la soie», résumera-t-il lapidairement. L'expérience *Vogue*, financièrement très avantageuse mais créativement réductrice, s'interrompt en 1951 même si Doisneau continue épisodiquement à collaborer à la revue.

À l'opposé de *Vogue*, Doisneau entreprend, des années 1960 au milieu des années 1980, une longue collaboration avec *La Vie Ouvrière*, l'hebdomadaire de la CGT. En compagnie de quelques autres photographes, dont Janine Niépce, il va participer, sous des formes très diverses, à ce qui est, dans les années 1960, devant *Paris Match*, le premier hebdomadaire français par le tirage.

Il aura notamment pleinement recours à la couleur : reportages dans les usines, documentation des conflits syndicaux, voyage en Union soviétique, et surtout photomontages politiques de couverture.

Un portraitiste d'exception

Dans toutes ces publications, Doisneau démontre un goût jamais démenti pour l'humain, qu'il met souvent en scène. Pour la presse grand public, il réalise de véritables sujets de plusieurs images, entre l'enquête et le récit, le reportage et le roman-photo, centrés autour d'individus singuliers, anonymes ou célébrités, aux titres évocateurs : « Le dernier bonapartiste habite rue Bonaparte », « Elle veut être starlette en 1950 » ou encore « Les 24 heures du docteur Edmond, médecin de campagne ».
Mêlant photographie de genre et portrait, dans la

De *Vogue*, Doisneau a toujours conservé un souvenir très mitigé, tout à la fois amusé et un peu honteux : « Pendant deux années, j'ai fait de la figuration dans un roman de la comtesse de Ségur : les rédactrices de mode y jouaient, avec une snobinette assurance, les rôles des petites filles gâtées. La découverte de la nouveauté, la complicité amusée d'Edmonde Charles-Roux rendaient mon emploi tout à fait supportable. Mais, baignant dans le sirop d'orgeat, je lorgnais de plus en plus du côté des boissons viriles » (*À l'imparfait de l'objectif*, 1989).

Doisneau a peu parlé dans ses entretiens de sa collaboration de plus de vingt ans, dans les années 1960 et 1970, à *La Vie Ouvrière*. Compagnon de route du parti communiste français, il y a trouvé, à une période qui était pour lui plus difficile artistiquement, une famille, des amis – il était notamment lié à divers dirigeants de la CGT, de Georges Séguy à Henri Krasucki. Pour *La Vie Ouvrière*, il réalisa de nombreux photomontages en couleurs, illustrant de manière facétieuse ou inquiétante les thèmes de l'actualité ou du numéro.

« Mes enfants ont beaucoup servi, tout comme des acteurs de seconde catégorie », rappelait, en 1992, Doisneau. Les images de ses deux filles, Annette et Francine, et de sa femme Pierrette sont abondantes dans la production alimentaire de l'après-guerre jusqu'aux années 1960. Tantôt ce sont de véritables clichés familiaux, de vacances, de fêtes ou de voyages, qu'il réutilise par la suite pour les besoins de l'illustration. Tantôt ce sont des mises en scène, auxquelles femme et filles participent. Ce sont elles que l'on retrouve en couverture de nombreuses publications familiales de la période (*La Vie catholique illustrée*, *Femmes françaises*, *Clair Foyer*, *France Magazine*, *Sillage*, *Claudine*, *Vie et santé*...), tant dans les années 1950 que 1960. Comme en écho à ces pratiques, entre 1943 et jusqu'en 1990, Doisneau fera poser chaque année ses deux filles (puis ses petits-enfants) pour des cartes de vœux illustrées de photomontage.

lignée de la *picture story* qui se développe au même moment dans la presse outre-Atlantique, ces reportages apparaissent comme de véritables petits photos-romans selon ses propres dires.

Mais, loin de tout souci narratif, Doisneau se révèle également un portraitiste d'exception – un goût et un talent qu'il n'a jamais démenti depuis ses premiers portraits réalisés pendant la guerre pour la publication de Maximilien Vox et le magazine *Vrai*. Grâce à Pierre Betz pour *Le Point*, à Michel de Brunhoff et Edmonde Charles-Roux pour *Vogue*, mais également pour *L'Œil* dans les années 1950 et plus occasionnellement pour *Paris Match*, Doisneau réussit à approcher pour en faire le portrait nombre d'artistes, peintres, cinéastes

Ci-dessus, Jeanne Moreau, à l'époque où elle est, malgré quelques petits rôles au cinéma, encore essentiellement une comédienne de théâtre, notamment à la Comédie-Française. Doisneau réalisera pour diverses revues, cinématographiques et théâtrales comme de mode, quelques portraits d'acteurs et de comédiens, un genre avec lequel il renouera dans les années 1980.

et surtout écrivains, de Colette à Picasso, de Tati à Queneau, ainsi que les milieux existentialistes ou ceux de l'art brut. Un goût pour le portrait d'artiste que l'on retrouve dans certains de ses livres, notamment dans l'ouvrage publié en 1962 sur le peintre Nicolas Schöffer.

Doisneau sait gagner leur confiance, jusqu'à les faire réagir, avec plus ou moins de spontanéité devant l'objectif. Les portraits de ces années-là témoignent d'un goût de la mise en scène, d'un jeu avec ses modèles, parfois soigneusement préparé mais le plus souvent ouvert au hasard, à l'improvisation, tirant parti au mieux de l'espace et du moment de la prise de vue. Les dizaines de clichés réalisés en collaboration avec le comédien Maurice Baquet pendant plus de trente ans sont emblématiques tant de la façon dont Doisneau travaillait que de la manière dont il diffusait ses images. Doisneau, pratiquant un mélange des genres, en publiera certains dans des revues, tout en les utilisant également à des fins de publicités, d'illustrations de jeux ou de tirages d'exposition, en France comme à l'étranger.

Les travaux mercenaires

Doisneau a toujours répété que le métier d'illustrateur, de photographe indépendant lui avait été pénible. Ces « travaux mercenaires », toutes ces commandes purement alimentaires, réalisées pour nourrir sa famille, de la presse à la publicité, ne lui laissent que trop peu de temps pour réellement photographier. Il fallait « braconner sur mon temps de travail, avant d'aller travailler très tôt, je cavalais aux abattoirs de La Villette, une fois par semaine je m'imposais de me lever à 3 heures du matin pour aller aux Halles ».

Doisneau a souvent insisté sur le fait que parmi ses modèles célèbres, Picasso, photographié à Vallauris, avait constitué un de ses meilleurs « clients » :

« En 1952, à Vallauris c'était le style short, sandales et masque bronzé. Parmi les contemporains dont j'ai pu tirer les portraits, rares sont ceux qui possèdent à ce point le sens du mime, et seul Steinberg a montré une vivacité d'improvisation comparable à celle de Picasso » (*À l'imparfait de l'objectif*, 1989).

LE MÉTIER DE REPORTER-ILLUSTRATEUR 57

De tous les modèles de Doisneau, Maurice Baquet, son «professeur de bonheur», est sans doute celui avec lequel il a entretenu, par le biais de l'objectif, la plus grande complicité. Comédien aux dons multiples, lié au groupe Octobre avec les frères Prévert, premier prix de violoncelle du Conservatoire national en 1934, membre de l'équipe de France de ski, Baquet rencontre Doisneau en 1942. Les deux hommes commencent, en 1949, des portraits mis en scène, reprenant un principe élaboré par le comédien avec le photographe Pierre Boucher dès les années 1930: un *running gag* de plus de trente ans, jouant sur les diverses facettes du modèle et dans lequel Doisneau explore toutes les pistes offertes par l'incongru, la théâtralisation et l'humour visuel. Nés d'un jeu entre copains, abondamment publiés dans la presse nationale et internationale, ces portraits se transforment, au début des années 1950, en un projet de publication, dont le titre évoluera au gré des années: *On dirait du veau*, puis *Violoncelle Slalom*, finalement publié en 1981 sous le titre *Ballade pour violoncelle et chambre noire*.

Ce travail de commande constitue donc le cœur de son activité de photographe. La publicité tout d'abord, pour laquelle il utilise de manière très radicale la couleur à partir des années 1950: Renault, Simca, Saint-Gobain, Sud Aviation, Orangina sont quelques-uns de ses clients les plus importants, sans compter l'industrie pharmaceutique pour laquelle il produira de nombreuses images. Le travail d'illustration ensuite, pour la presse, l'édition (couvertures de romans policiers, catalogues illustrés de la Guilde du Livre) ou l'industrie du disque (pochettes de vinyles); auxquels s'ajoutent quelques ouvrages moins

Après les années Renault dans l'entre-deux-guerres, Doisneau a beaucoup travaillé, dans les années 1950 et 1960 pour les catalogues et les publicités de la marque d'automobile Simca.

personnels, notamment ceux destinés à la jeunesse (*1, 2, 3, 4, 5 compter en s'amusant*, *Marius le forestier*, 1964, et *Catherine la danseuse*, 1966, pour Nathan). Sans oublier toutes sortes d'autres produits, allant de la carte postale au calendrier des postes ou la presse d'entreprise, telle *Air France revue* pour laquelle il travaille régulièrement dans les années 1950 et 1960.

Toute cette production s'oppose fortement aux images du photographe en extérieur connues par les ouvrages qu'il publie au même moment, tant dans sa finalité que dans ses modalités. Réalisées la plupart du temps dans son atelier, ces photos impliquent souvent un important travail sur l'image, de mise en scène, de manipulation. Doisneau s'y révèle également un photographe intéressé par l'usage de la couleur, le bricolage photographique et les montages graphiques, collaborant notamment beaucoup à cette période avec le directeur artistique et graphiste Jacques Dubois (Crédit lyonnais, plaquettes publicitaires pour des joailliers, ouvrages d'édition de luxe). Quasiment jusqu'à la fin de sa vie, Doisneau continuera à effectuer des travaux de laboratoire et à réaliser sa cuisine photographique en solitaire, jusqu'à ce que, au début des années 1990, une maladie des poumons, dite du légionnaire, produite par l'air conditionné du laboratoire, lui interdise ce genre de travaux. Une vie qui fera dire à ses filles qu'elles ont « vécu dans l'hyposulfite ».

Cette publicité pour les tissus Lesur est un bon exemple des très nombreux trucages photographiques réalisés dans les années 1950 et 1960 par Doisneau pour des besoins d'illustration, notamment à l'aide d'un appareil très utilisé par la presse dans l'entre-deux-guerres, un Speed Graphic qu'il avait modifié. Affichant généralement peu de goût pour la technique, Doisneau aimait néanmoins mettre au point, seul ou en collaboration, de petits trucs ou gadgets visuels.

La traversée du désert

La fin des années 1950 marque aussi la fin d'une génération et du mouvement de la photographie humaniste : le groupe des XV disparaît en 1958, trois ans plus tard le salon de la Nationale ferme ses portes. L'arrivée d'une nouvelle génération de jeunes artistes (les nouveaux réalistes, la nouvelle vague) s'accomplit dans le contexte des Trente Glorieuses et des années 1960, fascinés par une certaine modernité. Dans ce climat, le regard et la France de Doisneau semblent un brin passés de mode et son personnage plus que jamais en porte à faux avec son époque, à l'instar dans ces années-là du monsieur Hulot de Jacques Tati perdu dans l'univers déshumanisé de *Playtime*.

À cette même période, Doisneau semble se retirer du devant de la scène, même si des expositions continuent à lui être consacrées en France, aux Arts décoratifs à Paris, au musée Réattu

Si l'exposition de 1968 est sa première exposition personnelle rétrospective en France, le critique du journal *Le Monde* peut cependant remarquer que « pour l'accueillir enfin à Paris, la Bibliothèque nationale ne s'est pas mise en frais : un palier étroit entre deux étages ».

à Arles ou encore à la Bibliothèque nationale en 1968. À celle des Arts décoratifs en 1965, le photographe se félicite que ses images ne soient plus prises au sérieux: «Ah! surtout qu'on ne fasse pas attention à moi. Au fond je crois que je suis un photographe un peu démodé.» À l'issue de celle de la Bibliothèque nationale, en 1968, un critique du journal *Le Monde* peut relever une tendresse «chaleureuse, reposante» mais qui lui paraît un peu démodée.

Si l'œuvre d'illustrateur se poursuit, au même rythme qu'auparavant, la partie créatrice de son travail, tant dans l'édition que dans la presse, marque le pas. Aucun ouvrage marquant ne peut lui être crédité dans les années 1960 ni dans les années 1970 – les rares ouvrages publiés à cette période, tel le *My Paris* de Maurice Chevalier en 1972, se révèlent peu inspirés, de l'avis même de leur auteur. Seul *Le Paris de Robert Doisneau et Max-Pol Fouchet*, que pourtant Doisneau n'aimait guère, semble plus personnel, mettant en présence le Paris moderne et les signes du «vieux Paris» (enseignes, devantures d'échoppe). Au contact des changements de la ville, le style de Doisneau connaît quelques évolutions, marqué par une distance plus grande prise à l'égard de son sujet, notamment par le recours au zoom qui l'éloigne de ses personnages, souvent désormais réduits à de simples silhouettes. Doisneau y affiche

À partir de la seconde moitié des années 1950, Doisneau, notamment grâce au zoom, réalise fréquemment des images plus distantes et plus graphiques, jouant parfois de forts contrastes de noir et de blanc. L'humain y est souvent réduit à de simples silhouettes, un signe visuel parmi les autres signes de la ville, comme dans *Le canal de l'Ourcq* réalisée à la fin des années 1950 (page de gauche). *Le Paris de Robert Doisneau et Max-Pol Fouchet* (ci-dessous), publié en 1974, en plein débat sur la destruction des Halles, est l'occasion pour Doisneau de publier nombre de ces clichés et de revenir, de manière nostalgique,

sur les mutations urbaines de la capitale depuis plus d'une décennie.

une nostalgie, liée à la disparition d'un certain Paris et d'un mode de vie. Si certains de ses sujets privilégiés, tels les groupes d'enfants, demeurent, l'ensemble paraît marqué d'une plus grande froideur dans une empathie moins forte avec la société et les sujets modernes. Même les événements de Mai 68 ne retiendront guère son attention.

De nouveaux horizons

S'il a souvent insisté sur l'enracinement très local de sa pratique photographique, intimement liée à la région parisienne, arguant du fait qu'il ne souhaite pas se disperser, Doisneau a également plus qu'il n'a sans doute voulu l'admettre, voyagé et réalisé un certain nombre de reportages en France: la région du Lot, visitée dès 1939 pour son premier reportage et où il retournera à de nombreuses

«Si c'était à refaire, je ferais tout en couleurs», disait Doisneau en 1982, tout en soulignant les problèmes de conservation posés par les clichés couleur. Ci-dessus, *Les cygnes gonflables* lors de son reportage à Palm Springs en 1960.

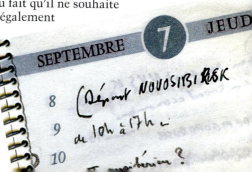

reprises, autour de Saint-Céré, l'Alsace, l'Ardèche, le Limousin. La Loire enfin, seule région en dehors de Paris à laquelle il consacrera un ouvrage de son vivant, en 1978.

C'est peut-être ce sentiment de ne plus être tout à fait en phase avec son époque qui, dans cette décennie des années 1960, le fait tenter un peu plus qu'auparavant de quitter la France. Doisneau n'a jamais aimé photographier à l'étranger. S'il a parfois franchi les frontières immédiates de l'Hexagone, de la Belgique à l'Angleterre, de l'Espagne à la Suisse, voire la Yougoslavie, c'est le plus souvent à la suite d'une commande. Hors de France, l'homme se compare à «un canard auquel on a coupé la tête», incapable de communiquer avec ses modèles, élément pourtant fondamental de sa pratique photographique. Les années 1960 seront toutefois l'occasion de deux grands voyages: la rencontre du monde capitaliste, sous la forme d'un reportage pour *Life* et *Fortune* à Palm Springs, Hollywood et New York. Et le camp socialiste, qu'il ira visiter en 1967, pendant trois semaines, à la demande de *La Vie Ouvrière*, pour un reportage consacré aux cinquante ans de réalisations soviétiques. Dans un cas comme dans l'autre, Doisneau aura massivement recours, commande de presse oblige, à la couleur, vis-à-vis de laquelle il n'éprouvait aucune réticence, estimant même qu'elle apportait «un élément d'émotion supplémentaire». Il en retirera cependant le sentiment d'être passé à côté de son sujet sans le comprendre et le saisir, malgré quelques belles réussites ponctuelles.

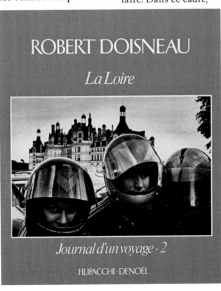

La collection «Journal d'un voyage», dirigée par Jeanloup Sieff, avait pour principe de donner carte blanche à un photographe pour entreprendre le voyage qu'il n'avait jamais pu faire. Dans ce cadre, le voyageur immobile qu'est Doisneau, qui, hors de Paris se sent déjà à l'étranger, choisit de visiter... la vallée de la Loire. Un travail de quelques semaines, trop rapide à ses yeux, mais qui fut surtout l'occasion de prendre la plume en rédigeant, comme le voulait la règle de la collection, un «journal de voyage». À gauche, son agenda à la date du 7 septembre 1967, pendant son voyage en Union soviétique.

Trop souvent ramené au seul photographe
de l'instant, de la tendresse et de
l'humour, Doisneau a affirmé depuis
les années 1940 un style et une vision
plus complexes qu'il n'y paraît : empruntant
à divers registres, mêlant les approches
différentes de ses modèles, Doisneau révèle au
contraire un humanisme d'une rare diversité.

CHAPITRE 4

LE STYLE DE DOISNEAU

En assemblant en 1962 sous forme d'un étonnant photomontage un certain nombre d'épreuves prises dans les quinze années précédentes, Doisneau réalise avec cette *Maison des locataires* sa propre synthèse, révélatrice de l'intérêt qu'il a toujours porté à l'activité humaine et aux diverses classes sociales. À droite, *Les enfants de la place Hébert*.

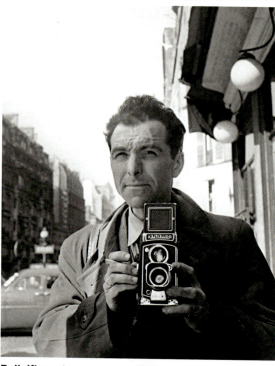

Rolleiflex, etc.

Le style Doisneau, c'est avant tout la recherche d'une certaine simplicité, d'une immédiateté et d'une économie de moyens: une volonté de ne pas se disperser, pour demeurer toujours en alerte, léger, mobile et à l'affût du monde. Cette économie de moyens, Doisneau l'a longtemps trouvée dans le Rolleiflex 6 x 6, appareil portable et maniable, très prisé de la génération de la photographie humaniste et qu'il utilisera quasi exclusivement de 1932 au début des années 1950 environ. C'est un appareil d'une grande simplicité d'utilisation, doté d'un minimum de commandes; un appareil peu agressif également, qui ne nécessite aucune gestuelle trop évidente puisqu'il permet une visée discrète, à hauteur du ventre.

Comme le Leica et l'Ermanox, le Rolleiflex fait son apparition dans l'entre-deux-guerres. Sa simplicité d'utilisation et sa discrétion en assurent vite le succès. «Je crois à l'appareil discret, prêt immédiatement sans grands gestes, avec un minimum de commandes, sensible et tolérant – le petit animal dressé à gober les images, voilà le complice souhaitable», disait Doisneau à son sujet. «Après les appareils d'emprunt enfin le Rolleiflex vint. Nous avons vécu en concubinage pendant une vingtaine d'années. Pétri par mes mains fiévreuses, il a rapidement perdu son vernis noir. Outil rustique et bon enfant, réparé sur le tas avec une lame de couteau, rafistolé avec du chatterton, ce petit engin à découper le temps a fait le sien» (*Un certain Robert Doisneau*, 1986). Ainsi, à la suite de Cartier-Bresson qui avait défendu dans *Point de vue* quelques semaines auparavant l'esthétique du 24 x 36 et du Leica, Doisneau y développe dans sa «Défense du 6 x 6» ses idées autour de l'utilisation du Rolleiflex.

La défense

À partir des années 1950 cependant, Doisneau se sent à l'étroit dans le format carré et dans l'objectif unique du 6 x 6. Il s'oriente alors, comme certains photographes de sa génération, telle Janine Niépce, vers un autre appareil, le Leica, utilisant des films 24 x 36. Si sa visée à l'œil le rend plus repérable, il n'en offre pas moins des possibilités infiniment plus grandes que le Rolleiflex, tout en étant également d'une grande facilité d'utilisation. Il peut en outre être muni d'objectifs divers (grand angle, téléobjectif) offrant une plus grande diversité d'effets et d'approches et sa grande ouverture permet d'éviter dans certaines circonstances d'avoir recours au flash que Doisneau n'aime guère. Doisneau utilisera le Leica notamment à partir de 1952-1953 pour des images en intérieur, en particulier celles des bistrots.

Au milieu des années 1970, Doisneau résumera ainsi les instruments qu'il utilise: « Le plus classique et le plus simple. Rien de spécial, deux boîtiers Nikon, un pour le noir et blanc, l'autre pour la couleur, avec un objectif 24 mm, un 35 mm et un 105. » Cet outillage réduit pour un photographe professionnel caractérise bien son attitude sa vie durant: un refus de la technique pour la technique, une méfiance à l'égard des professionnels de la photographie, et la revendication constante de la naïveté et de la simplicité de l'amateur.

La fabrique de l'instant

« Je n'aime pas ce qui est statique, pour moi c'est l'envie de cristalliser un moment fugitif, de fixer une joie, un geste », expliquait Robert Doisneau en

Ci-dessus, l'armoire à appareils de Doisneau photographiée en 1991 par son biographe Peter Hamilton. Jusqu'à la fin de sa vie, Doisneau a entretenu un rapport distant et méfiant à l'égard de la technique et d'une certaine conception de la photographie: « Il y a un danger. Les appareils sont si voraces aujourd'hui qu'ils en arrivent même à bouffer le photographe. Quand on n'a pas d'appareil sur soi – et souvent mes confrères me l'ont dit – on voit quantité de choses. Si on l'a, vorace, exigeant, il faut lui fournir du cliché, on s'affole, on en fait, on en fait. Et ce sont des bandes de contact à foutre en l'air » (*L'Express*, juillet 1982).

1956. Pour lui, la photographie se doit de demeurer un acte instinctif et le photographe se doit d'agir tel un «buvard pénétré par la poésie du moment». Cette recherche d'une pratique non consciente l'a toujours fait se méfier des images trop construites et trop référentielles, arguant que l'intelligence et la culture étaient «mortelles» en photographie. Pour Doisneau, la force de la photographie est sa faculté à accepter de l'impromptu, de l'accidentel, de l'imparfait – ce qui la distingue du cinéma, plus posé et fabriqué. Doisneau aimait ainsi à citer les mots de Prévert à son égard: «Tu es un acharné de l'imperfection.»

> "L'image des mariés dans un bistrot avec le bougnat, ce ne sont pas de vrais mariés, c'étaient des figurants des studios de Joinville. Je leur demande s'ils veulent bien que je fasse une photo, oui ils sont d'accord, et voilà qu'il s'amène un bougnat, bien sûr c'est un peu grossier, ce noir et ce blanc..."
>
> *in* Roumette, 1983

Néanmoins instantanéité n'est pas chez Doisneau synonyme de spontanéité. Les images prises à la sauvette, de manière fugace et instinctive, demeurent des exceptions dans sa production. La plupart de ses clichés sont bien plutôt le résultat d'une préparation minutieuse. Doisneau rapprochait sa pratique photographique de celle d'un metteur en scène ou d'un comédien: «Je considère toujours un peu le cadre ou le rectangle de la photo comme une scène; là-dedans on met un bonhomme ou une bonne femme ou plusieurs personnages.» Pour Doisneau, la bonne image naît le plus souvent d'une trouvaille, d'un hasard et d'une surprise, bien souvent du contraste entre une forme humaine, une figure et son environnement ou l'espace qui l'entoure – ce que Doisneau nomme le «décor», terme fondamental pour comprendre sa pratique.

Pour obtenir cette rencontre inédite, plusieurs approches du sujet sont possibles. Soit la méthode statique de l'affût qui consiste à se planter devant un «décor» particulièrement fort et à attendre le «miracle»; plusieurs de ses séries ou images les plus connues sont nées de ce type de dispositif, proche d'un piège photographique. Ce décor peut être un simple appât comme dans ses trois séries des années 1945-1948, *La Joconde*, *Le pont des Arts*, *La vitrine de Romi*, toutes bâties autour de la réaction des spectateurs à un seul et même objet: un tableau. Soit la méthode plus mobile de la poursuite, qui consiste à suivre une forme dynamique, curieuse, et d'attendre que celle-ci s'inscrive dans le bon «décor». Dans un cas comme dans l'autre, la photographie est pour Doisneau affaire de placement.

Exemple d'illustration pour la presse d'entreprise réalisée en 1954 pour *Le Trait d'union*, journal de la société de pétrole BP. Doisneau y utilise la technique systématique de «l'affût» déjà expérimentée à de nombreuses reprises, notamment dans *La vitrine de Romi*. La mise en pages en grille renforce l'effet de répétition quand la légende souligne la dimension narrative: «Robert Doisneau a réalisé pour vous ce merveilleux petit sketch photographique aux multiples épisodes: "Franchis ce flexible et je te dirai qui tu es!" Auriez-vous pu penser qu'un malheureux tuyau en travers d'un trottoir créait une telle perturbation!»

Ci-contre, une des images de couples s'embrassant réalisées par Doisneau pour *Life* en 1950 : « J'avais vu un garçon livreur embrasser une jeune fille dans le triporteur. Je l'avais appelé : "Pouvez-vous repasser ? Je fais un reportage sur les amoureux de Paris." "Non, c'est la fille de la patronne", m'avait-il répondu. J'étais chocolat. Je leur ai demandé. "Me prêteriez-vous votre triporteur ?" "Oui, le triporteur on s'en fout !" J'ai alors fait la photo avec deux figurants qui ont joué exactement ce que j'avais vu » (*Le Soir*, 6 et 7 février 1993).

Mais cette construction préalable de l'image peut aller, dans certains cas, jusqu'à la mise en scène pure et simple. À la fin de sa vie, Doisneau, comme beaucoup d'autres photographes de sa génération, pouvait déplorer que les contraintes juridiques liées au droit à l'image rendent l'exercice de la photographie « sauvage » de rue de plus en plus difficile à exercer : « Ça casse la magie, ça freine l'inspiration », disait-il. Mais, dès les années 1940, pour contourner certaines de ces difficultés, il a mis en scène des images, avec des figurants, le plus souvent aspirants comédiens rémunérés pour l'occasion ou des proches.

Si l'affaire du *Baiser de l'Hôtel de Ville*, faux instantané réellement mis en scène, a fait couler beaucoup d'encre dans les années 1990, elle a masqué le fait que la plupart des images de couples s'embrassant, abondantes dans la production de l'époque de Doisneau, sont le résultat de reconstitutions. Ces mises en scène laissent d'ailleurs le plus souvent une certaine place à l'improvisation, certaines d'entre elles étant perturbées par un élément inattendu ou incongru. Qu'il s'agisse de scènes inventées ou de reconstitutions de faits observés, cette pratique, liée à l'esthétique publicitaire depuis l'entre-deux-guerres, demeure très courante chez les photographes-illustrateurs de la période. En cela, Doisneau ne fait pas exception à la règle. S'il n'a jamais beaucoup insisté sur cet aspect de sa production dans ses entretiens des années 1950 et 1960, il n'en fait pas mystère dans les années 1980, qualifiant, en 1983, une partie de sa pratique de «faux témoignages», et parlant pour certains de ces clichés de photos «montées».

Le pêcheur d'images

«En vérité, ma vraie passion est la pêche à la ligne, la photo n'est que mon violon d'Ingres. Mais pour tout dire la pêche n'est pas très différente de la photographie.» Si Doisneau, dans les années 1950, utilise la métaphore traditionnelle de la chasse pour définir sa pratique photographique, à partir des années 1960, il l'envisage plus souvent comme une «pêche» aux images. Non pas une pêche au gros mais plus simplement une pêche à la ligne, occupation qu'il a découverte tôt, dès l'âge de 7 ans, et qu'il n'a cessé de pratiquer sa vie durant – il aimait à rappeler en souriant son appartenance au Brochet Club de Malesherbes.

Pour Doisneau, la pêche à la ligne évoque nombre des caractéristiques de sa pratique photographique : une activité statique voire sédentaire, idéale pour celui qui a toujours vanté, non sans humour, les vertus de l'immobilité; une pratique solitaire

> "La pêche m'a donné le goût de l'eau, de l'eau qui coule, du temps qui s'écoule. J'ai toujours eu cette idée complètement folle qu'il est impossible d'arrêter le temps, qu'il est impossible d'arrêter l'eau."
> *in* Hamilton, 1995

Doisneau (ci-dessus, pris par René-Jacques en 1950) aimait également dans la pêche l'idée d'une réelle communion avec la nature, comme un écho de l'empathie qu'il a souvent éprouvée envers ce qu'il photographiait. En 1948, il réalisait les illustrations d'un livre sur la pêche, initié par ses amis Pierre Betz et Pierre Braun du *Point* (à gauche).

LE STYLE DE DOISNEAU 73

Parmi les nombreux figurants et acteurs auxquels Doisneau eut recours se distingue Paul Barabé. « Banlieusard pur sucre », ancien relieur de profession, concierge, ami et assistant occasionnel du photographe depuis la période de la guerre, il fut également un de ses modèles réguliers. « L'homme au lapin » en 1945 (ci-contre) se retrouve transformé en Monsieur Tout-le-Monde dans le train de Juvisy en 1947 (page de gauche), ramenant du marché aux fleurs un rosier, alors qu'il est métamorphosé pour les besoins de la presse en 1945 en gardien de musée, brandissant une maquette de la Bastille (ci-contre). « Le magazine *Bref* m'avait demandé une couverture humoristique pour le numéro du 14 juillet. Rien ne me semblait plus indiqué que la prise de la Bastille par un gardien du musée Carnavalet. Il fallut consulter le conservateur qui s'opposa à cette mise en scène dégradante. J'ai tourné la difficulté avec un figurant et une reproduction photographique de la grandeur de l'objet, montée sur contre-plaqué » (*Instantanés de Paris*, 1955). On retrouve Paul Barabé sur des clichés de Doisneau jusqu'à la fin des années 1950.

et paisible, qui nécessite patience et préparation minutieuse (amorcer, ferrer); une occupation sans la violence et l'agressivité traditionnellement prêtées à la chasse et dotée d'une dimension plus ludique puisqu'elle réserve son lot de «prises» attendues mais également de surprises, parfois incongrues.

Doisneau l'humoriste

Fasciné par l'écriture et le modèle littéraire, Doisneau s'est souvent conçu comme un conteur d'histoires, mais d'histoires «ouvertes»: des images qui ne soient pas trop descriptives, pas trop explicites et qui fassent travailler l'imagination du spectateur. Des clichés que leur auteur souhaitait légers comme un clin d'œil et qui entendent suggérer davantage que montrer. Cette dimension littéraire a été renforcée, les années passant, et notamment à partir des années 1970, par le choix de Doisneau de doter ses images de titres évocateurs et poétiques, et non plus de légendes explicatives et descriptives, affirmant ainsi une pleine subjectivité et un goût pour les mots. *Le baiser de l'Hôtel de Ville*, *La stricte intimité*, *Les animaux supérieurs*, *L'innocent*, *Vice et Versailles*, *La vitrine de Romi*: autant de formules qui font de chacune de ces images des clichés de genre, au sens où l'on a pu parler de peinture de genre. Centrées sur des actions humaines, prenant pour sujet des scènes de la vie

ROBERT DOISNEAU

His vision is keen, his camera is ready, and his pictures are... funny!

"Une photo complètement montée, celle du pont des Arts. On était une bande dans un café de la rue de Seine, tous un peu ivres, il y avait une jeune fille avec nous, j'ai suggéré au copain [...] de peindre la jeune fille sur le pont des Arts, mais de la peindre nue, pour voir comment les gens allaient réagir. Alors ça a donné l'image du type avec son fox-terrier."

in Roumette, 1983

quotidienne, affirmant une dimension populaire, ces images racontent une histoire, entre fable, morale et récit, ou campent un personnage singulier.

Les histoires de Doisneau sont souvent teintées d'humour. Dès les années 1950, c'est avant tout par ce biais que son travail a été analysé, en France et sans doute encore davantage à l'étranger. Peter Pollack, le commissaire de l'exposition de l'Art Institute de Chicago peut ainsi écrire en 1954 au photographe, que jamais il n'a vu autant de gens rire à une exposition de photographies. En France dans les années 1960, son style est rapproché de ceux de deux humoristes, les dessinateurs Sempé et Savignac: même sens de la stylisation, même humour tendre, même goût pour des figures et une culture populaires.

Pour Doisneau, l'humour ne peut naître que d'une rencontre accidentelle, fortuite, inattendue. Il ne saurait être prémédité ou mis en scène. C'est, pour lui, toute la différence entre raconter une

« Son regard est affûté, son appareil est prêt et ses images sont drôles! » Ce commentaire et la photographie *Le garde et les ballons* illustrent un article du magazine américain *Infinity*, en 1959. Comme souvent chez Doisneau, l'humour passe par un jeu de regard et de relations entre des personnages divers, de manière à raconter une histoire. Ici, le modèle est un conte pour enfants, dont le titre pourrait être, à la manière d'Andersen, « La marchande de ballons et le petit soldat de plomb ».

blague et avoir de l'humour. En photographie, Doisneau a de l'humour mais il ne raconte jamais de blague. La dimension humoristique de sa pratique réside tout d'abord dans une conception, légère et ludique, de l'acte photographique lui-même. Le photographe demeure un joueur et jamais ne doit se prendre au sérieux : il s'agit, pour faire rire les autres, de s'amuser soi-même au préalable – y compris en faisant rire de soi-même. L'humour est donc une façon d'être au monde, avant de constituer un style photographique.

Face à ses sujets, son attitude oscille entre rire franc et, le plus souvent, ironie discrète. Dans tous les cas, l'humour est lié à la pudeur du photographe. Il constitue pour lui un rempart, une pirouette, une manière indirecte d'aborder les sujets. En désamorçant ce qu'ils pourraient avoir de trop empathique ici, de trop accusateur là, l'humour agit comme un filtre : « Lorsque je sens que ça pourrait être trop méchant, je fais une pirouette pour que ça bascule dans l'humour. »

Sans doute a-t-on trop insisté, à la suite de Doisneau lui-même, sur cette dimension humoristique et joyeuse. « Les moments que j'aime sont tous heureux », disait-il de sa production, avouant ne s'être que peu aventuré, par manque d'intérêt, dans le registre dramatique : ce qu'il appelait les « photos tristes » et qu'il regroupait dans son archive sous une entrée spéciale intitulée « L'Œil noir ». C'est peut-être oublier que nombre de ces clichés, des années 1930 et 1940 notamment, puis de nouveau des années 1960 et 1970, recèlent

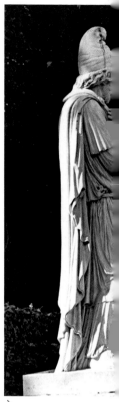

À gauche, *Vénus prise à la gorge* est le parfait exemple d'une de ces scènes saisies presque sur le vif, réalisées sur son temps de travail, dans un climat d'école buissonnière. Tombant en arrêt devant ce spectacle, Doisneau n'arrivera jamais à son rendez-vous pour une campagne publicitaire : « L'apparition des statues de Maillol m'a fait oublier les problèmes de cuvettes. »

une dimension nostalgique voire inquiète. Pour lui, photographier équivalait à «regarder le monde dans un rétroviseur [...]. Tout ce qu'on photographie est en train de disparaître».

Doisneau l'humaniste

Le travail de Doisneau s'est élaboré dans le contexte d'une photographie dite humaniste, terme en vogue dans les années traumatisées de l'après-guerre. Cet humanisme entend remettre l'homme au cœur des préoccupations, politiques bien évidemment mais également esthétiques.
En compagnie de Boubat, Izis, Brassaï, Ronis entre autres, Doisneau participe ainsi pleinement,

À partir de la fin des années 1950, la statuaire publique devient un thème fréquemment abordé par Doisneau: l'occasion pour lui de renouveler son registre iconographique, associant l'héroïque et le trivial, brocardant avec tendresse ces figures très dignes, comme dans le bien nommé *Vice et Versailles* (ci-dessus).

au sortir des années noires
de l'Occupation, à la mise
en place d'une certaine vision,
poétique, pittoresque et
réconfortante de la France,
renouant avec certains des
codes et figures archétypales
constitués dans la période
des années 1930.

L'humanisme chez
Doisneau s'exprime tout
d'abord dans un rapport
particulier à ses modèles.
S'il n'aime pas les foules,
il s'intéresse aux individus qui les composent. Avec
ces derniers, il s'efforce le plus souvent d'établir
un rapport d'échange voire d'empathie: loin d'être
un observateur extérieur, le photographe se doit
de photographier de l'intérieur et de «se sentir
participant des choses qui se passent». Ainsi
Doisneau se souvient que lorsque Robert Giraud
l'emmenait faire la tournée nocturne des bistrots,
il lui était nécessaire, avant de sortir son appareil,
de partager quelques verres avec ses modèles.
Dans ce partage réside le plaisir de la photographie,
la réussite du cliché étant souvent fonction de
l'émotion qui en est à l'origine: «On ne devrait
photographier que lorsque l'on se sent gonflé de
générosité pour les autres.» Une philosophie qui
l'a toujours conduit à éviter toute relation
conflictuelle avec ses modèles: nulle violence
faite au sujet et de rares photos volées.

L'humanité de Doisneau est souvent peuplée de
«petites gens» selon ses propres termes, de ceux
«qui ne reçoivent pas habituellement la lumière».
Membre du PCF dans l'immédiat après-guerre,
compagnon de route du parti par la suite, Doisneau
a toujours affiché une sensibilité de gauche et un
double attachement à la classe ouvrière et à la
petite bourgeoisie dont il est issu. Sa photographie
n'est cependant en rien une photographie sociale au
sens militant que peut revêtir cette dénomination.
L'homme est d'ailleurs trop désobéissant, trop

Les animaux supérieurs, une des images les plus noires de Doisneau.

critique à l'égard des structures de groupe pour avoir jamais fait œuvre politique. S'il apprécie la photographie engagée, telle celle d'un Lewis Hine qui, au début du XXe siècle, dénonçait aux États-Unis les injustices sociales, il ne saurait ranger son travail dans cette catégorie, ni même l'envisager sous cette lumière: «En ce qui me concerne, je serais ennuyé d'être un politique de la photographie, bien que je sois satisfait que cette technique puisse clouer les injustices sociales au pilori.»

Sa photographie est donc bien davantage une photographie d'empathie, de la tendresse à la compassion. Elle n'en est pas pour autant une photographie béate: le regard porté sur la société y est parfois empreint d'un certain pessimisme, qui passe souvent par le sourire, à l'exception toutefois

Dans les nombreux entretiens qu'il a accordés, Doisneau a développé à plusieurs reprises une théorie de la construction de l'image, insistant sur le besoin de simplicité. «Dans mes images j'essaie toujours de trouver entre les gens un espace intérieur, c'est ce qui rend l'image lisible. En plus il y a l'organisation de l'image, je dirais un peu par boutade qu'il faut que ça ressemble à une lettre de l'alphabet. C'est vrai que c'est très lisible dès qu'il y a une composition en A, en V, en L, en O, on le sent inconsciemment car on est dressé à ça depuis toujours» (*in* Roumette, 1983). À la lumière de cet énoncé, *Les coiffeuses au soleil*, réalisée à Paris, rue Boulard, en 1966, apparaît comme un exemple d'une de ses «compositions en O». Une de ses images les plus réussies des années 1960, elle est également un parfait condensé de ces scènes prises sur le vif que Doisneau continua de réaliser sa vie durant, tout comme elle illustre parfaitement la distance, tendre et attentive, que Doisneau a toujours conservée face à ses modèles.

des figures d'autorité et de pouvoir, du bourgeois au gardien de la paix, face auxquelles, dans certains cas, Doisneau s'autorise quelques méchancetés.

Une œuvre ouverte

La photographie pour Doisneau se doit d'être une pratique libre. Si elle s'apparente à la pêche à la ligne, elle demeure toujours à ses yeux une pratique de braconnage – une activité chère à son grand-père paternel. La dimension de désobéissance et d'interdit liée à la pratique de la photographie est importante. Doisneau a toujours présenté son travail le plus personnel comme une activité quasi clandestine: volée sur son temps de travail principal et littéralement marginale puisque repoussée souvent aux petites heures de la nuit pendant lesquelles il achevait les rouleaux de pellicule entamés pour des besoins professionnels pendant la journée.

Cette recherche d'une liberté et d'une certaine légèreté, ce refus de se prendre au sérieux lui ont souvent fait considérer son œuvre avec une certaine distance. Celui qui professe parfois n'aimer que peu regarder ses images a généralement, depuis ses débuts et sa collaboration avec Cendrars, délégué à d'autres le soin de les lire, les sélectionner, les arranger et les mettre en forme, notamment dans ses ouvrages. Avec leurs recadrages d'une publication à l'autre, avec leurs titres changeants, les images de Doisneau semblent souvent échapper au contrôle de leur auteur. Cette dépossession, courante dans les années 1940 et 1950 pour des reporters-illustrateurs qui n'étaient alors que peu considérés, Doisneau semble l'avoir accompagnée voire encouragée sa vie durant, y compris dans ses dernières années, alors qu'il jouissait pourtant

Prise en 1947, *Les 20 ans de Josette* fut d'abord publiée dans les colonnes du magazine communiste *Regards* avant d'être reprise par la presse catholique de l'époque, et légendée de façon subjective.

d'une reconnaissance artistique. Par pudeur ou conviction, en un ultime retournement, il avouait même, à la fin de sa vie que c'était le passage du temps plus que l'intention initiale ou le talent du photographe qui conférait à un cliché sa valeur définitive: «Le temps qui passe fait qu'une belle photographie se pare d'un charme, de l'accident, de tout ce qu'on n'a pas voulu y mettre.»

"Comme la farandole qu'on voit ci-dessus fait s'évanouir l'austérité des grands immeubles, la résurrection du Christ et la vie nouvelle qui nous est donnée renouvellent toutes choses."
La Vie catholique

6 F ● SAMEDI 2 ET DIMANCHE 3 AVRIL 1994

NOUVELLE SERIE

Libération

VOILE: LE 74e JOUR LE PLUS

74 jours, 22 heures, 17 minutes, 22 secondes après, le catamaran «Enza New-Zealand» de Peter Blake et de ses sept équipiers a de nouv franchi vendredi la Ouessant-cap Lizare dans les dernières «des conditions de plus dures qu'avant Horn». Le record de Peyron, premier au a un an, d'un tour monde à la voile en de 80 jours, est bat quatre jours. Lire pa

ITALIE: BERLUSCO NEGOCIE SERRE

Si le principe de l'intronisation de Si Berlusconi comme ministre ne semble remis en cause, se du «pôle de la libert victorieux il y a une semaine, font mont enchères. Et les Ital demandent jusqu'o Umberto Bossi, lead la Ligue du Nord. Lire page 14.

ROCK STUPEFIAN

Morphine, trio bosto atypique et iconocla invente un rock où l guitare s'efface deva sax, intrus génial. Le et les médias, pour fois d'accord, plébis Lire page 33.

DES ETRANGER «MARQUES A L'ENCRE INDELEBIL

Au Palais de justice Paris, plusieurs ressortissants chino situation irrégulière exhibé devant le jug numéro au dos de le main. Explication de avocat: «Les policie affirment, comme si la chose la plus natu du monde, que c'est seule façon de les distinguer.»
Lire en dernière page

MADEMOISELLE ANITA EST TRISTE, ROBERT DOISNEAU EST MORT

Son regard généreux et gouailleur s'est posé sur Paris, sa banlieue, ses amoureux, ses figures pas toujours gaies. Robert Doisneau, photographe à l'agence Rapho, était né il y a 81 ans, le jour du naufrage du «Titanic». Il est mort le 1er avril à Paris. Lire notre cahier central, page 21.

ANTILLES-REUNION 9 F • ALLEMAGNE 3 DM • AUTRICHE 25 Sch • BELGIQUE 40 F • CAMEROUN 750 CFA • CANADA $ 2,25 • CÔTE D'IVOIRE 700 CFA • DANEMARK 13 Kr
EGYPTE 6 L • ESPAGNE 200 Ptas • FINLANDE 10 Mkf • GABON 750 CFA • GRANDE-BRETAGNE 1£ • GRECE 280 Dr • IRLANDE 1,40 £ • ITALIE 2 400 L
LUXEMBOURG 40 F • MAROC 8 Dh • NORVEGE 14 Kr • PAYS-BAS 3 Fl • PORTUGAL CONT. 220 Esc • SENEGAL 700 CFA • SUEDE 14 Kr • SUISSE 2 F • TUNISIE 1,20 Din • USA : $ 2.50 (N.Y. $ 2)

À partir de la fin des années 1970, l'œuvre de Doisneau bénéficie d'un formidable renouveau d'intérêt qui ira grandissant jusqu'à sa disparition. Un phénomène sans précédent qui fera de lui le photographe français le plus populaire de sa génération, et de quelques-unes de ses images des icônes de l'histoire de la photographie.

CHAPITRE 5

L'HISTOIRE ET LA LÉGENDE

Indice de la popularité qui fut la sienne à la fin de sa vie, Doisneau est sans doute le seul photographe dont la disparition, le 1er avril 1994, s'est affichée de manière aussi forte en une du quotidien *Libération*. L'homme, dont l'autobiographie, *À l'imparfait de l'objectif*, était parue peu avant en 1989, comme les personnages qu'il avait photographiés durant sa vie appartenaient désormais à l'histoire.

Le retour en grâce

À ceux qui l'interrogeaient sur le renouveau d'intérêt pour ses photographies au début des années 1980, Doisneau répondait: «Le temps a travaillé pour moi.» Si l'on fait la part de la modestie inhérente à cette réponse, il est certain que les images de Doisneau se parent, dans le contexte du milieu des années 1970 marqué par la crise économique et par une inquiétude croissante face aux valeurs de la modernité, d'une aura différente: s'y mêlent une certaine nostalgie, une fascination pour le «rétro» et l'intérêt d'une nouvelle génération pour une France qu'elle n'a pas connue. Doisneau devient dans ces années-là, à l'instar de Jacques Henri Lartigue, un photographe de la tendresse et du bonheur.

Ce retour s'effectue dans un contexte favorable à la photographie dont la reconnaissance comme forme artistique s'affirme, favorisée par la politique culturelle des pouvoirs publics: multiplication des structures de diffusion (institutions, Mois de la photo, projets éditoriaux, revues), émergence d'un marché de la photographie... Pour Doisneau, 1975 est une date charnière avec pas moins de cinq expositions en France (dont une durant les Rencontres de la photographie d'Arles). Signe des temps, l'année suivante, il fait son entrée dans le *Who's Who*. L'heure est au regard rétrospectif sur ce qu'il convient désormais d'appeler l'œuvre: en 1978, le musée de Chalon-sur-Saône lui consacre une grande exposition; l'année suivante, c'est au tour du musée d'Art moderne de la Ville de Paris où sont rassemblés plus de deux cents tirages représentatifs du travail de Doisneau.

Accompagnant ce phénomène de relecture de presque un demi-siècle de production, paraissent,

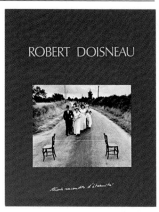

*T*rois secondes d'éternité, le titre de la première monographie consacrée à Doisneau, est une référence indirecte à un poème de Jacques Prévert, «Le jardin». Il reprend également une expression utilisée par Doisneau dans son précédent ouvrage, *La Loire*: une idée chère au photographe puisqu'il la développait déjà dans les années 1950 en expliquant alors que «120 photos au 100e de seconde, cela ne fait guère plus d'une seconde de bonheur en 20 ans».

à la fin des années 1970, les premiers ouvrages véritablement rétrospectifs. En 1979, *Trois secondes d'éternité* retrace, en une centaine d'images, quarante ans de parcours. En 1983 enfin, le grand prix national de la photographie lui est attribué, la même année que sont primés le décorateur Alexandre Trauner, éternel complice des films de Carné, et le peintre figuratif Jean Hélion, consécration de trois artistes de la même génération, hérauts d'une poésie populaire du pavé parisien. La même année le photographe fait son entrée dans la nouvelle collection « Photo Poche », consacrée aux grandes figures de l'histoire de la photographie, aux côtés de Nadar ou Cartier-Bresson. Le volume sur Doisneau reste, aujourd'hui encore, le titre le plus vendu de la collection.

« Je crois qu'une image est d'autant plus perceptible qu'elle représente une idée fabuleuse, au sens des fables de La Fontaine ou de la mythologie. Prévert sentait ça très bien, quand il voyait un égoutier avec sa lanterne, il disait que c'était Aladin et sa lampe merveilleuse » (in Roumette, 1983). C'est bien cette métamorphose qui est à l'œuvre dans *Trois petits enfants blancs* des années 1970 (ci-dessus). Doisneau y convoque indirectement les figures enfantines des contes de Perrault, du *Petit Poucet* au *Petit Chaperon rouge*.

La DATAR

Signe de ce retour au premier plan, Robert Doisneau est invité, en 1984-1985, aux côtés d'une quarantaine d'autres photographes, à participer à la mission photographique de la DATAR (Délégation à l'aménagement du territoire et de l'attractivité territoriale). Dirigée par Bernard Latarjet et François Hers, cette commande d'envergure a pour but de dresser par la photographie un état de la France au milieu des années 1980. C'est l'occasion pour Doisneau de revenir à la banlieue de Paris. Il réalise alors un travail dont le changement de style est assumé : plus froid et posé, avec un appareil de format 6 x 7, un pied, en couleurs et dépourvu de personnages (conformément aux exigences du cahier des charges). Pourtant, ses images prises dans les villes nouvelles des six départements qui entourent la capitale (Essonne, Seine-Saint-Denis, Val-d'Oise, Seine-et-Marne, Hauts-de-Seine, Val-de-Marne) apparaissent moins pessimistes que celles faites dans les années 1960 autour de l'urbanisation nouvelle.

La commande de la DATAR est par ailleurs pour Doisneau l'occasion de se lier avec une autre génération de photographes. Elle marque aussi le retour à la banlieue et le début d'un nouveau travail, en profondeur, mené avec certaines communes : plus particulièrement Gentilly, où il revient sur les terrains de son enfance, et Saint-Denis pour laquelle il devient un collaborateur régulier du journal municipal et à laquelle il consacrera un ouvrage à la fin de la décennie.

Le phénomène Doisneau

À partir de la seconde moitié des années 1980, l'engouement autour de l'œuvre de Doisneau tourne au phénomène culturel. Aucun autre photographe français n'aura connu de son vivant une telle reconnaissance consensuelle, tout à la fois institutionnelle, populaire et touchant toutes les générations. Aucun n'aura vu son œuvre diffusée de manière aussi large et diversifiée, par le biais d'expositions, d'ouvrages, de la presse ou de produits dérivés.

De son travail pour la DATAR, Doisneau disait : « C'est ainsi qu'après un demi-siècle je suis revenu regarder ma banlieue au fond des yeux. Fini le temps du brique sur brique, le terrain mouvant a été le champ de manœuvres des engins de chantier. Il m'a fallu changer de focales, car tout a pris une autre échelle. » Ci-dessous, la cité des Beaudottes ; à droite, Nanterre.

Cette fièvre passe d'abord par l'édition. En une quinzaine d'années, entre le début des années 1980 et sa mort, c'est plus d'une vingtaine de titres, de qualité et d'intérêt inégaux, qui paraîtront autour de Doisneau. À cette période, tandis que certains de ses ouvrages anciens (*Le Vin des rues*, *La Banlieue de Paris*) ont fait l'objet de rééditions, Doisneau inaugure de nouveaux projets de collaboration, notamment avec des écrivains qui revendiquent une certaine verve populaire. Il renoue ainsi avec les projets des années 1940 et 1950: Cavanna

" Partant des terrains vagues et grignotant les zones pavillonnaires, les hommes casqués ont dégagé de vastes clairières sur lesquelles champignonnent des parallélépipèdes. Les mêmes volumes, plantés verticalement sur le côté, deviennent des tours. Allongés horizontalement, ce sont des barres dont les pignons aveugles affichent à tout hasard un Rimbaud ou un Beethoven en mosaïque. Quelquefois, on se trouve devant des falaises simplement percées de trous, ce qui est bien commode pour classer, dans un minimum d'espace, le maximum de familles ouvrières. Toute récente est l'apparition du béton gréco-romain. C'est beau comme un décor pour film-péplum. "
À l'imparfait de l'objectif, 1989

(*Des doigts pleins d'encre*, 1989), Daniel Pennac (*Les Grandes Vacances*, 1991 puis *La Vie de famille*, 1993) ou encore Jean Vautrin. Puisant dans les archives du photographe, la plupart de ces publications raniment le souvenir d'une « douce France » d'autrefois, pittoresque et aujourd'hui disparue. Le succès est au rendez-vous. Alors que *Gosses de Paris* avait été, à sa sortie en 1956, un échec de librairie, *Des doigts pleins d'encre*, qui en est très proche, devient lui un véritable best-seller qui se vend à plus de 250 000 exemplaires.

Ce regain d'attention pour l'œuvre passée vaut dans le même temps à Doisneau de nombreuses commandes de presse, notamment dans le domaine du portrait. De Sabine Azéma à Juliette Binoche, de Mickey Rourke aux Rita Mitsouko, c'est une nouvelle génération d'artistes, acteurs de cinéma, comédiens de théâtre, chanteurs de rock, qui défile devant son objectif et se lie parfois d'amitié avec lui. Doisneau est alors l'objet de nombreuses sollicitations. Son œuvre diffusée

Conçus avec l'écrivain Daniel Pennac, *Les Grandes Vacances* (1991) puis *La Vie de famille* (1993) seront deux des grands succès de librairie de la fin de la vie de Doisneau.

toujours plus largement lui vaut des lettres par dizaines, notamment de gens qui se reconnaissent ou reconnaissent leurs proches sur certains de ses clichés, courriers auxquels le photographe, avec l'attention aux autres qui a toujours été la sienne, s'efforce de répondre scrupuleusement.

L'engouement est enfin commercial: depuis le début des années 1970, accompagnant la structuration progressive d'un marché de la photographie, Doisneau, avec étonnement, a vu des galeries spécialisées entreprendre de vendre ses tirages originaux, aux États-Unis (Witkin) puis en France (Agathe Gaillard). Mais à ce marché des tirages s'ajoute surtout celui des reproductions: certaines de ces images les plus iconiques connaissent alors une diffusion sous des formes extrêmement diverses, de la carte postale au poster, en passant par le papier à lettres et le calendrier. C'est une diffusion de masse, sans précédent pour aucun autre photographe vivant, et qui, par son ampleur et la diversité des supports qu'elle utilise, attire parfois critiques, réserves, réclamations voire recours juridiques.

L'affaire du *Baiser*

C'est à cette période que *Le baiser de l'Hôtel de Ville* s'impose dans l'imaginaire collectif comme la plus connue des images de Doisneau. Avec son histoire mouvementée, celle-ci semble rétrospectivement parfaitement illustrer le devenir de l'œuvre tout entier: son origine illustrative, sa reconnaissance tardive, son incroyable succès, mais également les controverses juridiques et les malentendus esthétiques qui l'ont accompagnée.

Rencontrée sur le tournage d'*Un dimanche à la campagne* de Bertrand Tavernier, Sabine Azéma (page de gauche) deviendra une des grandes complices des dernières années de Doisneau. Il la considérait « un peu comme sa troisième fille », qu'il qualifiait de « fine comme la guêpe des bois ». Sabine Azéma consacrera au photographe et à l'homme un film deux ans avant sa mort, en 1992.

Ci-dessus, les Rita Mitsouko dans un décor « à la Doisneau » pour le magazine *Actuel*.

Si l'image fut réalisée par Doisneau en avril 1950 et publiée pour la première fois dans *Life* le 12 juin 1950, il avait fallu en effet attendre le début des années 1980 pour la voir devenir une des images phares de son auteur. Doisneau ne l'avait fait figurer que dans un de ses ouvrages des années 1950 (*Les Parisiens tels qu'ils sont*). En revanche c'est elle qui, en 1979, ouvre le cahier de planches de *Trois secondes d'éternité*. Dès lors, le succès commercial de l'image va croissant. Reprise en carte postale, calendriers, cahiers, papiers à lettres, puzzle, elle devient en 1986 un poster qui, en une décennie environ, va s'écouler à plus de cinq cent mille exemplaires. Publiée en 1988 en couverture de *Télérama*, elle est, des années après, détournée par SOS Racisme pour une de ses campagnes.

C'est en 1993 que Doisneau va devoir affronter une tempête juridique sous forme d'une double action en justice. D'un côté un couple, les époux Lavergne, croyant se reconnaître sur le cliché, lui intente un procès et réclame une part des bénéfices liés à la commercialisation de l'image. Les époux Lavergne seront déboutés, preuve étant faite qu'ils n'étaient pas les figurants de l'image. De l'autre, les véritables modèles de l'époque, Jacques Carteaud et Françoise Bornet, née Delbart, se font connaître : âgés respectivement de 23 et 20 ans à l'époque du cliché, ils étaient tous deux jeunes comédiens au cours Simon et amoureux l'un de l'autre… bien que rémunérés pour cette image, véritablement mise en scène par Doisneau. Françoise Bornet intente cependant elle aussi un procès pour exploitation abusive de son image. Elle sera à son tour déboutée, au motif qu'elle n'est pas reconnaissable sur le cliché.

De la retouche en couleurs pour des cartes postales d'art (ci-dessous) jusqu'au remake avec un couple mixte pour SOS Racisme en 2006 (en bas, page de droite), *Le baiser de l'Hôtel de Ville* a connu bien des modifications.

L'HISTOIRE ET LA LÉGENDE 91

L'almanach de la photo 1991.

Lors de la parution dans *Life* en juin 1950, *Le baiser de l'Hôtel de Ville* s'était vu affublé d'une légende, sorte de commentaire du photographe lui-même. La parution faisait ainsi dire à Doisneau: «Ce fut un baiser *rapide* (en français dans le texte)», ajoutant sans doute à la confusion autour de la genèse de l'image. Si l'image est en effet mise en scène, deux éléments circonstanciels et imprévisibles ont sans doute concouru à son succès, en renforçant tant le dynamisme de sa composition que le pittoresque de l'image, emblématique d'une certaine France de l'époque: le personnage de l'homme au béret et la forme devinée de la Citroën traction avant.

Cette double épreuve, survenue un an avant la mort de Doisneau – qui n'en verra pas le terme – lui laisse un goût amer. Il n'avait pourtant jamais caché à ceux qui l'interrogeaient que nombre de ses images étaient le fruit d'une mise en scène avec figurants. S'il parvient à conserver une certaine distance vis-à-vis de ces critiques, il sera attristé par les réactions indignées de certains, fustigeant la magie perdue de cette image iconique et lui reprochant d'avoir triché avec la réalité. Cette histoire s'accompagne d'ailleurs de nouvelles tracasseries juridiques liées à d'autres images. Ainsi, dès 1990 par exemple, le tribunal de Paris l'obligeait à verser 80 000 francs au peintre Yves Corbassière au motif que la voiture à carreaux de ce dernier, représentée sur une photo réalisée par Doisneau en 1947, et publiée à de très nombreuses reprises depuis, était une œuvre d'art: son nom devait donc figurer à chaque publication de la photo et il devait percevoir les droits dus aux artistes dont les œuvres sont reproduites.

L'affaire du *Baiser* connaît quant à elle, le 25 avril 2005, son épilogue: Françoise Bornet met ce jour-là en vente à Paris l'épreuve originale de l'image que Doisneau, fidèle à son habitude, lui avait donnée en 1950. Atteignant la somme de 184 960 euros avec frais, un record pour un tirage de Doisneau, l'image est achetée par un collectionneur suisse pour lequel «ce cliché romantique [était] le miroir de notre jeunesse, à ma femme et à moi-même».

Doisneau par Doisneau

Doisneau s'accordait avec Mac Orlan pour voir dans la photographie «l'art le plus près de la littérature». Les nombreux portraits d'écrivains qu'il a réalisés, les diverses amitiés qu'il a scellées avec certains d'entre eux (Cendrars, Prévert, Giraud) prouvent l'importance qu'il accordait à la chose écrite, à l'instar de son aîné Brassaï.

Doisneau a très tôt été tenté par l'écriture et aimait à compléter ses images par de longues légendes, proches de courts récits, procédé qu'il inaugure dès *Instantanés de Paris* et qu'il reprendra dans les années 1980, notamment dans *Un certain Robert Doisneau: la très véridique histoire d'un photographe racontée par lui-même*. À partir des années 1970, il entreprend de surcroît, de plus en plus fréquemment, de se raconter, notamment lors des entretiens qu'il accorde. En 1978, l'ouvrage sur la Loire est pour lui l'occasion de prendre la plume pour la première fois sous la forme d'un texte plus long, véritable journal de voyage. Mais c'est avec la longue introduction de *Trois secondes d'éternité* qu'il commence, l'année suivante, à faire œuvre autobiographique. Le texte apparaît comme un embryon de l'autobiographie qu'il publiera

Doisneau se souvenait à la fin de sa vie avoir fait le portrait de plus de cent trente écrivains, «nés de copinages, de rencontres de bistrots et souvent de commandes». Ci-dessous, dans son atelier en 1983, photographié par Peter Turnley.

❝Une complicité bien plus grande qu'avec les peintres. Dans le fond je suis peut-être jaloux de ne pas avoir été un écrivain moi-même. Ça me fatigue la tête, puis je n'ai pas la formation littéraire nécessaire, mais j'aime bien écrire. La complicité que j'ai avec les écrivains est née de conversations avec Prévert, Cendrars ou des jeunes comme Pennac et Jean Rouaud.❞
Le Magazine littéraire, avril 1993

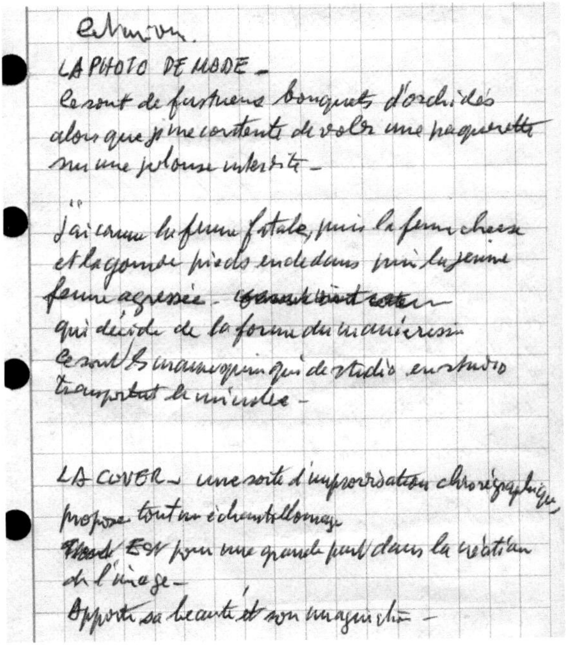

L'HISTOIRE ET LA LÉGENDE

> *[Handwritten note, partially legible:]*
>
> exhibition
>
> LA PHOTO DE MODE —
> Ce sont de fastueux bouquets d'orchidées
> alors que je me contente de voler une pâquerette
> sur une pelouse interdite —
>
> J'ai connu la femme fatale, puis la femme chasse
> et la gonde pieds en dedans puis la jeune
> femme agressée ~~c'est tout cela~~
> qui décide de la forme du mannequin
> Ce sont les mannequins qui de studio en studio
> transportent les miracles —
>
> LA COVER — une sorte d'improvisation chorégraphique
> propose tout un échantillonnage
> ~~Elle est~~ pour une grande part dans la création
> de l'image —
> Apporte sa beauté et son imagination —

À partir des années 1970, les agendas que Robert Doisneau tient se couvrent de plus en plus souvent de notes manuscrites sur des sujets variés: remarques psychologiques diverses, commentaires généraux sur la vie ou la photographie, sa technique, son histoire, son langage, comme ici sur la photographie de mode, genre qu'il a pratiqué notamment pour *Vogue*. La recherche de la formule, le soin apporté à l'expression dénotent une envie d'écriture. Plusieurs de ces courts textes servent de base à de futurs textes autobiographiques.

une décennie plus tard, en 1989, *À l'imparfait de l'objectif*. Signe de la reconnaissance qu'il a alors atteinte et de son statut de personnage public, il est, après Nadar et Man Ray, seulement le troisième des photographes «français» à se livrer à cet exercice.

«Quand j'écris, j'écris en images», disait Doisneau. Il se raconte en effet dans une prose très imagée, indirecte et gouailleuse, fixant les grandes étapes de sa vie, évoquant sa «famille» photographique (Atget, Brassaï, Cartier-Bresson…).

La fascination pour le personnage semble alors aussi forte que l'engouement pour l'œuvre: faisant suite aux réalisations de François Porcile dans les années 1970 et 1980 (*Le Paris de Robert Doisneau*, 1973, *Poète et piéton*, 1981), les films autour de Doisneau se multiplient, de la série *Contacts* aux documentaires de Sabine Azéma (*Bonjour, Monsieur Doisneau*, 1992) et Patrick Cazals (*Doisneau des villes, Doisneau des champs*, 1993). Complétant

" J'ai cru pouvoir colmater les brèches de l'oubli en demandant le secours des agendas, chacun promené pendant trois cent soixante-cinq jours, et qui dorment aujourd'hui dans des boîtes à chaussures. Il est bien difficile de s'y reconnaître dans ces pages fripées. Je suis seul capable de déchiffrer les gribouillis où se mélangent rendez-vous, renseignements techniques, avec des phrases consignées parce qu'elles m'avaient simplement chatouillé l'oreille. **"**
À l'imparfait de l'objectif, 1989

le tableau, en 1995, juste après sa mort, paraît la première biographie, écrite par Peter Hamilton.

Le devenir de l'œuvre

Doisneau s'éteint le 1er avril 1994, quelques mois à peine après le décès de son épouse Pierrette et quelques jours avant son quatre-vingt-deuxième anniversaire. Il est alors salué, dans la presse française et internationale, comme une des figures majeures de la photographie du XXe siècle. La diffusion et le rayonnement de l'œuvre comme du personnage continuent cependant bien après sa mort. Celui qui avait été élevé en 1984 au grade de chevalier de la Légion d'honneur se méfiait des hommages institutionnels, ayant tenté de son vivant de lutter contre toute tentative de « récupération » officielle et de conserver sa liberté de parole et d'action. Il devient pourtant après sa mort une de ces figures littéralement exemplaires : aujourd'hui 7 collèges et 2 lycées, essentiellement de la région parisienne, ainsi que 45 écoles maternelles et élémentaires, dans toute la France, portent son nom. D'Arles à Brest ou Boulogne, plusieurs villes de France ont créé des rues Robert-Doisneau.

La diffusion de l'œuvre s'est quant à elle poursuivie sans fléchir. Les très nombreux ouvrages posthumes ont ouvert encore davantage l'œuvre, en relisant certaines périodes mal connues de son corpus, celle de l'Occupation par exemple (*Doisneau 40/44*, 1994) ; en rééditant des pans entiers de son travail que Doisneau avait souvent laissés de côté (*Vogue*, Renault, la transhumance) ; en faisant sortir l'œuvre de l'enracinement dans la seule région parisienne (Limousin, 1999 ; Ardèche, 2001 ; Alsace, 2008 ; le voyage américain de 1960 avec *Palm Springs 1960*, 2010). Une activité éditoriale très touffue, qui a parfois conduit à brouiller les frontières réelles qui distinguent la production alimentaire de l'œuvre proprement dit.

Aujourd'hui, fondée à l'initiative de ses deux filles, la structure de l'atelier Robert-Doisneau,

Doisneau a toujours travaillé où il a vécu, vie intime et professionnelle étant étroitement liées. « Mon atelier [à droite], lui, n'est ni douillet ni fonctionnel. J'y retrouve difficilement ce que je cherche, je râle mais c'est ma caisse à jouets, ma bulle dans laquelle je me sens protégé » (*Un certain Robert Doisneau*, 1986).

situé dans l'appartement de Montrouge que le photographe occupa jusqu'à sa mort, entreprend de faire vivre l'œuvre et les archives par le biais de publications dans la presse, la mise en chantier de nouveaux ouvrages, l'organisation d'expositions, la vente de tirages. Rangés par thèmes selon la logique professionnelle de Doisneau, les quatre cent cinquante mille négatifs qui constituent plus de soixante ans de production n'ont bien évidemment pas fini de livrer tous leurs secrets.

Des bals populaires aux musettes ou aux réceptions mondaines, les figures de la danse abondent chez Doisneau: page suivante, *La dernière valse du 14 juillet*, 1949.

TÉMOIGNAGES ET DOCUMENTS

98
Doisneau : portraits et autoportraits

104
Doisneau intime

110
La photo à la Doisneau

114
Le Paris de Robert Doisneau

120
Bibliographie

122
Table des illustrations

125
Index

Doisneau : portraits et autoportraits

Personnage tout à la fois très ouvert mais également pudique, Doisneau s'est beaucoup raconté par le biais d'entretiens et aussi de textes plus personnels, jusqu'à son autobiographie, À l'imparfait de l'objectif *en 1989. Dans le même temps, certains des nombreux écrivains qui l'ont côtoyé en ont dressé un portrait attachant.*

Notice autobiographique

Un des premiers textes autobiographiques de Doisneau, rédigé à l'époque où, prix Niépce oblige, il commence à devenir un personnage public.

Robert Doisneau a spécialement rédigé son autobiographie pour nos lecteurs. La voici : « Né le 14 avril 1912, sur la route des pèlerins de Saint Jacques de Compostelle, avenue Raspail à Gentilly. Solides études à la communale. Quatre ans à l'intérieur de l'École Estienne avec une casquette portant l'inscription "Nuli altum saver sed time", latin du chapelier de l'Avenue des Gobelins. Sorti avec un diplôme de graveur et bien avancé avec. Chasseur de 2e classe au 1er B.C.P. Marié. Cinq ans à l'intérieur des usines Renault (5 + 4 d'Estienne = 9 ans de réclusion). Renvoyé pour retards répétés. La guerre. Appelé au 81e B.C.P., la débâcle. Deux fois père de famille, Annette, Francine. Quarante-quatre ans, des tas de photos. Cherche un appartement. C'est la gloire enfin. » Il y a quelques mois, Doisneau a reçu le prix Niépce. À regarder : *Les Parisiens tels qu'ils sont* (R. Delpire) et *Instantanés de Paris* (Arthaud, 1955).

L'Œil, mai 1956

Le questionnaire de Proust

1. Quel est pour vous le comble de la misère ?
La stupeur devant l'irréparable.
2. Où aimeriez-vous vivre ?
N'importe où si ce n'est pas trop loin de ceux qui rient des mêmes choses que moi.
3. Quel est votre idéal de bonheur terrestre ?
Me sentir accepté dans le grand chantier de la lumière (volontairement obscur pour faire profond).
4. Pour quelles fautes avez-vous le plus d'indulgence ?
Pour celle de l'abbé Mouret.
5. Quels sont vos metteurs en scène de cinéma favoris ?
Si je dis, Buñuel, Fellini, Truffaut, etc., je commence une pyramide et je plante dans Renoir.
6. Quels sont vos peintres favoris ?
Chardin, Vermeer, Goya, Vélasquez, Steinberg, Van Gogh, Bonnard.
7. Quels sont vos musiciens favoris ?
Avec une telle oreille en friche mon avis n'a aucune importance.
8. Quelle est votre qualité préférée chez l'homme ?
Le savoir-rire de soi.
9. Quelle est votre qualité préférée chez la femme ?
Le don d'éblouir.

10. Quels sports pratiquez-vous ?
Le rugby sur Antenne 2.
11. Seriez-vous capable de tuer quelqu'un ?
Évidemment, à condition de pouvoir choisir et encore pas tous les jours.
12. Quelle est votre occupation préférée ?
C'est davantage question d'humeur que d'occupation précise.
13. Qui auriez-vous aimé être ?
Le jongleur Rastelli.
14. Quel est le principal trait de votre caractère ?
Comment peut-on savoir ?
15. Qu'appréciez-vous le plus chez vos amis ?
La complicité inconditionnelle.
16. Quel est votre principal défaut ?
L'allergie à certaines plantes et à certaines personnes, les deux me donnent des boutons.
17. Quelle est la première chose qui vous attire chez une femme ?
Le regard. Cessez donc, Madame, de vous tortiller inutilement.
18. La couleur que vous préférez ?
Le bleu du martin-pêcheur.
19. La fleur que vous préférez ?
La pâquerette d'avril.
20. Quels sont vos auteurs préférés en prose ?
En vrac, André Hardellet, Flaubert, Gascar.
21. Quels sont vos poètes préférés ?
Ce matin, Blaise Cendrars, André Frénaud, Boby Lapointe et Jacques Prévert tous les jours.
22. Quels sont vos héros dans la vie réelle ?
Les syndicalistes anonymes.
23. Quels sont vos noms favoris ?
Bourgueil, Émilion, Estèphe, Otis Pifre et Brünnhilde.
24. Que détestez-vous par-dessus tout ?
La musique militaire, la justice militaire et la cantine militaire.
25. Quel est le don de la nature que vous aimeriez avoir ?
Celui d'arrêter les rêves.
26. Croyez-vous à la survie de l'âme ?
Bien sûr, on ne peut laisser le monopole d'une idée aussi belle aux spécialistes rabougris et ergoteurs.
27. Comment aimeriez-vous mourir ?
Le plus doucement possible, genre fondu enchaîné.
28. État présent de votre esprit ?
Encombré de plus de regrets que de remords.

in *La Loire. Journal d'un voyage*,
Denoël, 1978.

La face cachée de Robert Doisneau

Avec le photojournaliste Jean Lattès, ancien de chez Vigneau, adepte du Rolleiflex et passionné par la banlieue, c'est une véritable complicité qui s'établit. Les deux hommes exposeront ensemble en 1977.

– Je suis sûr de ne rien savoir.
– *Tu as bien une petite opinion sur ce qu'est la photographie ?*
– À condition qu'elle n'engage que moi, oui, j'ai une opinion.
– *Qui est ?*
– Que c'est un mode de vie.
– *Alors, raconte !*
– Eh bien, je suis un banlieusard, né à Gentilly.
– *Dangereux, ça. Tous anarchistes, comme ton presque voisin Éric Satie, d'Arcueil !…*
– La banlieue regorge de curieux personnages, des casseurs, des faux-monnayeurs, des faux témoins…
– *Comme les photographes !*
– La photographie est utilisée par erreur pour appuyer les constats d'huissiers. Le photographe profite de cette opinion communément partagée pour donner la preuve de l'existence de son univers.
– *Mais avant les constats…*
– Se situe une enfance grisâtre, dans une banlieue de plâtre mou.
– *Tu supportais ?*

– Difficilement. Jusqu'à treize ans, je ne pensais qu'à tout fiche en l'air ! Et puis je suis allé à l'École Estienne, puis à l'atelier photographique des usines Renault…
– *Dont tu t'es fait mettre à la porte pour « retards répétés ».*
– Il faut dire que je commençais sérieusement à faire l'artiste.
– *Ce qui n'était pas très compatible avec l'automobile…*
– Erreur : mon premier travail après Renault, ç'a été une photo publicitaire…
– *… Pour Simca !*
– Il faut dire que je suis très fort en Laboratoire, ce qui m'entraînerait assez facilement à méditer des chefs-d'œuvre type « compagnon du Tour de France ».
– *Quelle humilité !*
– Mais non, mon vieux. Il faut un sacré orgueil pour passer la moitié de sa vie à fabriquer un truc infourguable, comme un chef-d'œuvre de compagnon charpentier…
– *Et tu es devenu et resté photographe.*
– Parce que mon vice, c'est de tirer l'homme pressé au regard fixe par la manche, et de lui montrer le spectacle gratuit et permanent de la vie quotidienne.
– *C'était ça aussi l'exposition ?*
– Ouvre le cahier, tu verras.

J'ouvre le cahier. Les premières pages sont couvertes d'une écriture que je connais bien, parfaitement nette et lisible. Doisneau y a aussi écrit ceci :
PROPOSITION
On commence par mes confrères les photographes
  Avec en grand format les polytechniciens
    Puis viennent les modèles avec leurs attitudes
      Consentantes et satisfaites
      Puis les pièges, l'affût, et les captures
      Puis la poursuite avec la
      Rencontre du merveilleux
Quotidien qui quelquefois
Dégénère en
Trouvailles bizarres
Puis
L'art des villes et l'art des champs
Puis l'anarchitecture
Puis les rythmes
Ensuite des gens célèbres
Un peu de jeux
Et on termine par la vie rêvée
De Maurice Baquet

      Jean Lattès, *Journalistes, reporters et photographes*, n°16, 1968

Doisneau par Cendrars

Dans ce portrait de Doisneau, Cendrars, s'écartant de toute vérité biographique, fait du photographe un authentique Beauceron, « originaire des environs de Chartres ».

Le petit bonhomme est épatant. C'est un artisan. Mais comme beaucoup de gars du peuple, il est plein de malice et d'astuce. Il a le sourire. C'est un photographe. Mais lisez attentivement les légendes qu'il rédige lui-même et colle maintenant au bas de ses photographies, vous verrez qu'elles sont pleines d'interprétations possibles et ouvrent le champ à un million de chances. À l'entendre, il planque son appareil et le laisse faire. Pourquoi les autres photographes n'en font-ils pas autant ?

  Comme il est originaire des environs de Chartres, je ne puis l'imaginer autrement que ralliant le chantier de la cathédrale à l'époque de ses fondations et de son édification. Comme il est du peuple, il cherche de l'embauche. Déjà un simple berger, armé de son coudrier, taille des têtes de saints ; déjà des vagabonds et des gais compagnons, armés de leur marteau et de leur ciseau, taillent les statues de l'Âne hilarant et des belles reines de France. Ils sont pleins de vin et chantent pouille en travaillant. Des cris du haut des échafaudages, les pierres s'équarrissent, les poulies grincent.

Au bout du prestigieux chantier, dans un terrain vague, envahi par la folle avoine et les herbes sauvages, les maîtres du grand œuvre essayent à petite échelle ce qu'ils vont réaliser en grand et avec une audace sans cesse renouvelée dans la construction des tours et des voûtes de l'édifice. Doisneau se présente armé de son appareil photo, et que fait-il? Il tape dans le tas. Il n'est pas artiste. Il n'a pas des idées générales, une esthétique, une mystique. C'est un artisan de son pays. Il photographie l'architecte, les maîtres verriers (il se sent trop humble pour comparer sa fragile matière première qu'est la pellicule à la transparence de leurs verrières d'art), il tape dans la foule des curieux qui grouille dans le chantier, nobles, bourgeois, truands, moines, chantres et nonnains, prédicateurs, aumôniers, et, comme un vulgaire tailleur de pierres, avec un seul détail de vêtement, un tic, un défaut physique, il crée des personnages, une atmosphère, un monde, de quoi peupler l'univers. Que voulez-vous, c'est un photographe : il ne le fait pas exprès. Trop c'est trop. C'est son appareil qui veut ça. Souvent il en est malade, et pour ne pas faiblir, il remplit son esprit de lazzi, de gouaille. Mais le cœur est pris. Ce n'est pas une liturgie intime, mais un grand rire polaire.

Regardez-le débarquer à Paris où il arrive son appareil accroché sur la poitrine, des sacoches dans le dos, des accessoires sous les bras et tout un impedimentum de sorcier moderne dans les mains. Il découvre d'abord la banlieue et la misère, le cœur lourd, puis passe chez les gens du monde, le cœur révolté par leur vanité et leurs ridicules. Alors il se met à flâner dans Paris et réveille tout un Paris baudelairien et suranné, ou autour des Halles, à Montmartre, à Montparnasse, un Paris démodé et vieillot de par sa permanence même. Il s'en va alors enregistrer le travail et l'usine et il en revient ragaillardi. Les types sont bien, vivants et révolutionnaires. Le printemps fleurit dans les jardinets et dans les pots des concierges. Dans son ensemble le peuple de Paris est gai et les gens s'arrangent pour rendre la vie amène, sinon avenante. Il suffit de surprendre les amoureux sur un banc ou de suivre le sillage des midinettes, d'écouter les boniments, de se perdre dans le métro et de stationner au terminus parmi les marchandes des quatre-saisons et les cris des marchands de journaux du soir. Les kiosques sont habillés. Cela a un air de fête. La vie enivre. Doisneau ne l'a sûrement pas fait exprès, mais il se remet à flâner dans les rues. Son appareil l'entraîne.

Si la série des bâtons blancs des sergents de ville a l'air d'une joyeuse plaisanterie dans le tohu-bohu et le danger mortel de la circulation motorisée de la capitale, l'épopée des bâtons des maréchaux de Napoléon est une satire violente à nulle autre pareille. Voir toute une armée ensevelie dans le guano des pigeons de l'Étoile est un spectacle vengeur et réconfortant après deux guerres mondiales et inutiles. Vive la Colombe de la Paix! Elle crotte. Doisneau ne l'a pas cherchée. Il l'a surprise.

Blaise Cendrars,
préface pour
Instantanés de Paris, 1955

Doisneau par Prévert

À Robert

Un jour, dans les petites montagnes des Alpes-Maritimes, du côté d'Entrevaux je crois, Robert Doisneau «en reportage» accompagnait un berger, ses moutons et ses chiens, lorsqu'un camion éventra le troupeau et tua aussi les deux chiens.

– Tu as pris des photos ?

– Non, j'ai consolé le berger, répondit Doisneau.

Et c'était comme si la vie, en instantané, avait fait le portrait de Doisneau.

Simple échange de bons procédés.

Depuis longtemps, Robert Doisneau fait de si belles et simplement étonnantes images, et toujours à l'occasion de Noces et Banquets de l'amour et de l'humour de la vie.

(Automne 1975)

Les ténèbres ne sont jamais seules.

Rouges, les années-lumière les traversent, aussi quand les rideaux de la nuit sont tirés sur le silence du rêve ou l'oppressant tumulte de l'insomnie, l'être humain – photographe sans le savoir – développe, dans la chambre noire de sa mémoire, les images enregistrées au cours de sa journée. Alors, sur les papiers sensibles de son identité, frémissent les traits des choses et des gens qui l'ont frappé, ravi ou inquiété ou qui ont donné libre cours à son hilarité. Ainsi, dans son sommeil, les actualités se mêlent aux plus anciens des innombrables épisodes du film de sa vie. Et c'est parfois une histoire d'amour triste ou gai, nue comme la main ou comme un corps aimé, ou bien un film d'épouvante auprès duquel le « plus épouvantable film d'épouvante in the World » est une bluette pour les moins de dix ans, et puis aussi de temps à autre une aventure burlesque à six queues et douze têtes, de quoi pleurer de rire ou bien rire de pleurer, mais où personne ne rit ni ne pleure jamais.

Enfin le réveil tinte, c'est la sonnette de l'entracte avec les vendeuses de pochettes-surprise glissant sous la porte le petit déjeuner, mais plus souvent encore les sirènes des usines à machines à tuer, comme dans les vrais cauchemars de la réalité.

Réveillé, debout, le photographe malgré lui, le bénévole opérateur du film de sa vie enchaîne ma-chi-na-le-ment ses rêves, les bons et les mauvais, en fondu enchaîné, à la réalité.

Et quand elle est mauvaise, la réalité du photographe, et qu'il se trouve en présence d'un professionnel, d'un chasseur d'images comme dit, et que celui-ci braque sur lui sa machine à dévisager, il met la main devant ses yeux, secouant la tête d'un geste dénégatoire et positivement négatif : propriété privée, chasse gardée, défense d'entrer ! Mais on raconte en Sologne que le gibier, s'il méprise le chasseur encore plus qu'il ne le redoute, a un petit faible pour le braconnier, qu'il le considère comme un frère et que s'il lui était donné de choisir, il préférerait passer par lui pour en finir avec sa brève destinée.

C'est pourquoi, quand le dormeur éveillé mais encore à demi plongé dans ses mille et une nuits rencontre Robert Doisneau qui lui sourit dans la pauvre lumière de la périphérie, il sourit aussi ou simplement le regarde avec indifférence amusée et se laisse tirer le portrait.

Sans méfiance, car quelque chose lui dit qu'il est en pays de connaissance et qu'il a affaire à un compagnon du voyage, un compatriote de la vie.

Alors, du plus défait, du plus dévasté des visages, surgit une lueur presque heureuse, *un flash*, et la photo est d'une simplicité bouleversante tout simplement parce que le photographe a été bouleversé.

Et c'est encore le mystère de la chambre noire qu'aucun Rouletabille jamais n'a élucidé : tout comme un portrait à la main – et que le peintre ou le photographe soit bon ou mauvais – c'est toujours quelque part un autoportrait.

Le Rolleiflex ou la boîte de Pandore, ça sort de la même usine que personne jamais n'a trouvée.

Cela, Robert Doisneau le sait et lorsqu'il travaille à la sauvette, c'est avec un humour fraternel et sans aucun complexe de supériorité qu'il dispose son miroir à alouettes, sa piègerie de braconnier et c'est toujours à l'imparfait de l'objectif qu'il conjugue le verbe photographier.

Jacques Prévert, « Transhumance »
in Robert Doisneau,
Rue Jacques-Prévert, Hoëbeke, 1992

Une vie de photographe

Quand j'ai sauté en marche dans la photographie, elle était en bois. Aujourd'hui, la voici devenue quasiment électronique. Je reste le nez à la portière avec la même curiosité que le premier jour.

Cette curiosité animale est le moteur. Celui qui en est dépourvu pourra toujours consulter des livres et des livres, bourrer sa mémoire, il ne promènera ensuite sur le monde que l'œil d'un veau gonflé aux hormones.

Pendant le trajet, je n'ai pas vu le temps passer, trop occupé que j'étais du spectacle permanent et gratuit offert par mes contemporains, les soulageant, quand l'occasion se présentait, d'une image au passage.

Est-ce bien honnête ? Voilà une question que je ne me suis jamais posée.

Je n'allais tout de même pas résister aux œillades du hasard. Et maintenant que je suis entré distraitement dans le troisième âge, je continue ce jeu pour lequel je me suis imposé des tabous inviolables et un ensemble de règles très compliquées qui rappellent le jeu d'osselets : une sorte de jonglerie sous le ciel, avec des éléments sans valeur marchande. Dans *les Jours de l'homme*, le docteur Bezançon insiste sur trois fonctions vitales :

dodo pipi joujou.

Le bon fonctionnement de cette trinité est, selon lui, un brevet de longévité. La fonction qui me paraît la plus importante, et de loin, est celle que ce toubib à l'ancienne a classée dans la rubrique Joujou.

Nulle part ailleurs je n'aurais eu le privilège de rencontrer tant d'individus différents que dans cette cour de récréation où j'ai joué au photographe ambulant.

Dites-moi quelle autre profession m'aurait permis d'entrer dans la cage aux lions du zoo de Vincennes et dans l'atelier de Picasso.

De descendre dans une mine de charbon et de grimper dans la coupole d'un observatoire.

De voir le professeur Leibovici ouvrir un ventre, de contempler Louis de Broglie devant un tableau noir couvert de hiéroglyphes.

De me réveiller un matin, en Provence, parmi les moutons de la transhumance.

D'être dans la cuisine où Blaise Cendrars écrivait *L'Homme foudroyé*.

De me promener sur un pont roulant au-dessus de l'enfer d'une usine sidérurgique.

D'observer Bertrand Tavernier se ronger les ongles derrière une caméra.

D'assister à une répétition à l'Opéra pour, ensuite, partir partager avec Marceau et Mélanie un repas bien arrosé et mitonné sur le quai du bassin de l'Arsenal.

Jamais autant d'occasions d'écarquiller les yeux ne m'auraient été offertes si j'avais été chef de rayon ou contrôleur des poids et mesures.

Robert Doisneau,
À l'imparfait de l'objectif,
Actes Sud, 1995

Doisneau intime

Tant dans sa correspondance, notamment avec son vieux complice Maurice Baquet, que dans ses notes au jour le jour, tirées de ses propres agendas ou de petits cahiers qui l'accompagnent à certains moments de sa vie, Robert Doisneau révèle une langue imagée, marquée par l'humour, le goût de la formule et de l'impertinence.

À Maurice Baquet

Dans les lettres qu'il échange avec Maurice Baquet sur plus de trente ans, Doisneau révèle mieux que nulle part ailleurs sa conception de la vie comme comédie humaine.

Mardi 5 septembre 1961
Mon cher Maurice,
Je ne sais pas très bien où tu es, il y a tellement de capitales dans tes Amériques que ton voyage risque de durer encore des années.

Pour moi, je reviens de vacances et à la fois d'Espagne jusqu'à Saint-Jacques-de-Compostelle, évidemment guidé par les coquilles de Shell. Je suis encore tout vibrant de tant de kilomètres en voiture et navré d'avoir vu tant de pays derrière la vitrine, il n'y a qu'un seul moyen de bien la voir, louer un bourricot et marcher derrière ce serait formidable mais je crains de ne jamais pouvoir le faire. Dans les conditions où je me trouvais je n'ai fait aucune photo, j'avais honte, tu vois, descendre de voiture, sortir le Rollei et paf! le cliché ce n'est pas pour moi, mais j'ai vu pendant les moments d'immobilité des choses plus denses qu'au ciné. Je voudrais essayer de t'en raconter une, ce n'est pas facile.

À la limite du Portugal, un dimanche, une fête de Santa Tecla (sainte locale inconnue dans nos régions). Les gens avaient boustifaillé à l'huile dans l'herbe, c'était le soir, la fiesta se désagrégeait. L'orchestre local a joué encore trois airs, le chef portait sonotone et je me défends de faire ni images ni ironie, repliage des pupitres, rangement des cartons et la petite formation s'en va dans la poussière. Après le départ, je vois une casquette à lyre accrochée sur le bras d'un crucifix. Entracte.

À quelques mètres un forain rangeait sa loterie – les lots : douze cacahuètes dans un papier ou un tire-bouchon – la loterie roue de bicyclette avec cartes à jouer pour marquer l'heureux gagnant en plus, un bébé cul nu que le bonhomme rattrapait in extremis au moment où il basculait dans un escalier de pierre. Bon, il rangeait sa loterie sur une bicyclette, avec des ficelles et des nœuds, ça n'en finissait plus. En bas de l'escalier s'arrête une voiture blanche, la portière s'ouvre, flots de musique, radio tonitruante, dedans un gros Espagnol qui regarde la bicyclette du gars à deux mètres de lui, le gros soulève ses ailerons et avec un vaporisateur se parfume le dessous des bras, l'autre part avec son vélo

et le loupiot en équilibre sur la roue
de la chance, le parfumé vient s'asseoir
à la place que l'autre venait de quitter,
ignorance réciproque l'un de l'autre,
j'étais étranglé, fin d'entracte : arrive
du fond de poussière un homme suant,
s'épongeant, tête nue, saxophone
dans le dos et qui reprend au crucifix
la casquette d'harmonie. Des histoires
comme celle-ci, dès que l'on s'arrête
il y en a plein.

J'ai donc regardé le plus possible.
Je reviens un peu reposé car j'étais
éteint après cette année scolaire. Pour le
moment je n'ai pas de projets grandioses,
mes dettes sont nettement colmatées et
ce qui suinte encore n'est pas affolant.
J'aimerais, si cela est possible faire
quelques tentatives de cinéma, je vais
flairer la chose et faire de grands cercles
autour avant de mordre à l'appât.

Parce que la presse est ici de plus
en plus moche, je n'ai pas le sentiment
de retrouver d'autres magazines. C'est
toujours Soraya l'insatisfaite, B.B.
l'insatisfaite, Margareth engrossée,
Paola verte de jalousie, Sacha Distel
avec sa fiancée hebdomadaire et puis
le problème Callas-Onassis, en plus le
plastic marche très fort depuis un mois
et on a arrêté un charcutier de Saint-
Jean-de-Luz, je n'ai donc pas de matière
exaltante. Par contre, en France la
publicité est de mieux en mieux faite,
je parle des images évidemment.

Sur ces propos, qui somme toute ne
reflètent pas je l'espère un dégoût par
trop total, je vais te quitter, mon cher
Maurice, et aller dormir. Bonne nuit,
bonjour avec ces fuseaux horaires
on ne sait jamais, enfin bonsoir.

Robert

J'attends toujours le printemps.
Lettres de Robert Doisneau
à Maurice Baquet,
Actes Sud, 1996

Palm Springs
Riviera Hotel

Mercredi

Mon cher Maurice,

Je commence à savoir ce que sont les
couleurs suaves et cependant, je croyais
les connaître par la voiture de Ray Sugar
ou les vitrines des coiffeurs de banlieue.

Mais depuis mon arrivée à Palm
Springs c'est un enchantement surtout le
soir – façades vert-de-gris, toits orangés
et palmiers couleur lilas, il y a d'autres
combinaisons bien sûr, à l'infini, mais
toutes ravissantes, d'ailleurs tout le
monde est bien content.

Je me fais l'effet d'être d'un autre âge
comme un fauteuil Louis XV sur un
aérodrome ou un violoncelle devant
l'immeuble de *Life*. Voilà une image
qu'il faudra faire et encore une façade
le soir avec ta silhouette à travers une
fenêtre et les autres silhouettes des gens
qui téléphonent et s'agitent à toutes
les autres baies éclairées. En fait de
téléphone, un bureau de businessman
avec trois téléphones, la statue de la
Liberté, la rue des cinémas, une terrasse
avec New York allumée.

Pour l'heure, je commence à découvrir
les millionnaires et il y en a beaucoup.
J'ai une petite voiture électrique blanche
pour me balader sur les greens et
demain, un hélicoptère pour avoir
une idée générale.

J'ai été présenté à des millionnaires
golfeurs sous le nom de Robert-de-Paris.
« A o are iou Hoariou » qu'ils disaient
tous avec l'air si contents de me
connaître que c'était flatteur pour
le métier et pour Montrouge (Seine)
et c'est seulement le commencement
il y a ici dix-neuf golfs, je vais avoir des
relations dans le pétrole, le cinéma et
l'automobile.

À bientôt, Maurice, je tiens Charles
au courant de mon emploi du temps

et comme il pense, lui, que l'oisiveté est mère de tous les vices, il faut que je sois occupé.

À toi de ton photographe,
Robert-de-Paris

Palm Spring 1960,
Flammarion, 2010.

Notes au fil des jours

Ces notes éclatées, ébauches de pensées, en partie inédites, sont tirées des agendas que Doisneau a tenus à partir de la fin des années 1940 et scrupuleusement conservés. Souvent simplement griffonnées rapidement, elles rendent compte, de manière brute, de pensées et d'intuitions que Doisneau retravaillera parfois par la suite, dans ses textes ou ses entretiens.

Pont Alex III
La dame triste de Guy de Maupassant
La boulangerie de la rue de Poitou
Chopin piano de marbre
La charcuterie de la rue Parrot

Après une absence de Paris, je fais le tour pour vérifier si les images sont toujours à leurs places. Toc – il en manque – disparue – volée.
Les Parisiens ne regardent plus.
Les images n'existent plus.
Une ville sans images est sinistre – enfermé dehors.
Mx Pl F. [Max Paul Fouchet] est bien le seul Normand qui ait eu l'audace de s'installer au pied de Ste Geneviève.

Après promenade et cueillette, je viens vider mes poches sur sa table.
Habitué à des œuvres plus raffinées.
Il a l'élégance de ne pas avoir de mépris pour cette cueillette sauvage.

Agenda d'avril à juin 1974

Je ne sais si c'est beau ou si c'est laid
C'est colossal
Devant un géant on n'ose émettre une opinion.
Ce gigantisme demande une formidable organisation technique
Ce qui me paraît bien plus inquiétant que la partie visible de ce tour de force technique, c'est d'en soupçonner la partie immergée comme les icebergs présence invisible cent fois plus puissante.
[À propos des transformations de Paris]

Agenda de janvier à mars 1975

LA PHOTO DE MODE
Ce sont de fastueux bouquets d'orchidées alors que je me contente de voler une pâquerette sur une pelouse interdite.
J'ai connu la femme fatale, puis la femme cheese et la gourde pieds en dedans, puis la jeune femme agressée qui décide de la forme du maniérisme.
Ce sont les mannequins qui de studio en studio transportent le microbe.

LA COVER. Une sorte d'improvisation chorégraphique, propose tout un échantillonnage
Est pour une grande part dans la création de l'image.
Apporte sa beauté et son imagination.

Stable il oublie
LA CUISINE – Le soufflé fugitif influence.
Fin du bœuf miroton – albums culinaires illustrés, glorifient l'apparence du plat.
Toute la cuisine [illisible] est peu photogénique.

Agenda de janvier à mars 1976

SALON DE LA PHOTO – endroit extrêmement dangereux – comme pour le pêcheur le magasin d'articles de pêche.
Les pièges à images sont avant tout pièges à photographes

Néanmoins on se sent délicieusement
piégé par ces merveilles mécaniques
automatiques voraces – raisonnantes,
miniaturisées.
Peut-on souhaiter quand même que la
présence de l'homme apparaisse malgré
les perfectionnements sophistiqués.
Agenda de janvier à mars 1976

La photo abstraite

Un vieil ami, perdu le sommeil, toute
la nuit il jetait une tache sur une feuille
de papier, la pliait en 16, 32, 64, et
recommençait jusqu'à l'aube.
Quand on entrait dans la chambre, il y
avait sur les murs des fleurs, des insectes,
des papillons du hasard. Ce n'était pas
rassurant.
La photo abstraite – la culture de
l'accident technique, distorsions donne
ses effets graphiques séduisants mais
effets seulement, c'est là la limite.
Calembours de la mécanique.
Ce sont les rêves de l'homme qui
paraissent intéressants.
Agenda de janvier à mars 1976

Le hasard heureux qui fait la rencontre
d'éléments peut provoquer un
échantillon d'émotions allant du tendre
au dramatique.
Ces rencontres fugitives durent une
fraction de seconde.
Espérer pouvoir faire quelques dizaines
d'images de ces scènes hasardeuses me
paraît espoir utopique, vouloir prolonger
ces situations fugitives, c'est aller
au-devant d'épuisantes déceptions.
Agenda d'avril à mai 1976

L'information
La cour de l'Élysée
Les gestes quotidiens
La cour de la verrerie Schneider
La domesticité souterraine à Versailles
laquais habillés comme des princes
Le service apportait son faste
Élégance
Cacher ce qui est fonctionnel utile
efficace
Avec la photo révéler
Les conditions de vie
L'habileté | Tout est à faire
L'injustice
Ne plus être

Passivité devant l'injustice
C'est accepter la vieillesse
Agenda d'octobre à décembre 1980

Je ne crois pas à l'éloquence
Ce qui était nécessaire : gestes
enflure de la voix
Lutter contre la distance ou les
intempéries devient comique
Avec le grossissement des médias
C'est le crépuscule
Des discours fleuves heureusement
Agenda d'octobre à décembre 1980

Paris n'est jamais plus beau qu'à
l'époque où l'on entend parler toutes
les langues sous les arcades de la rue
de Rivoli et quand les autocars
viennent s'échouer aux pieds des
monuments comme des baleines
enceintes.

En choisissant une certaine manière
de vivre

Les photographes sont des barbares
qui n'ont pas volé le mépris des
représentants de la culture officielle,
lesquels bien trop occupés à épousseter
leurs accessoires flétris ne jettent
qu'un œil bovin sur des images
où ils ne retrouvent pas leur mythologie
familière.
Pour qui aime à respirer les fumées
de l'encens, je conseillerais une autre
discipline.

Le photographe tire par la manche l'homme pressé au regard fixe et lui montre le spectacle gratuit et permanent de la rue.

          Cahier «Banlieue», vers 1975

LA LEÇON DE VIOLON AU KREMLIN

J'ai appris le violon très jeune. Je prenais des leçons au Kremlin-Bicêtre, rue de la Convention, l'immeuble sentait le ragoût de mouton.

Je me souviens de la glace au-dessus du pupitre – à peine je commençais mes exercices et dans le rétroviseur je voyais la porte s'ouvrir doucement et entrer la grande demoiselle des leçons de piano – une rousse très frisée, un soleil – Mon professeur, assez joli garçon au teint mat, glissait vers l'arrière – avec sa raie impeccable je ne l'aurai jamais cru si joueur – parce que dans la glace commençait un ballet silencieux dont j'étais à moi seul l'humble orchestre. Cette année-là je n'ai pas fait de progrès – l'oreille demeurait en friche mais l'œil par contre se développait et c'est ainsi que je suis devenu photographe.

          Cahier «Banlieue», vers 1975

Trop tard pour une déclaration. Trop tôt pour un testament. Décidément il faut vivoter avec son temps où il reste la place pour une bouffée d'amitié. Désemparé comme un berger landais qui aurait perdu son défilé folklorique.

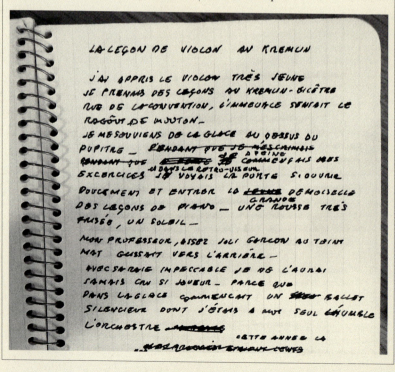

Images du temps perdu
Chez Temporel
Juste une petite valse

L'autorité regarde d'un mauvais œil la photo qui est l'école de la désobéissance. Devant la vertigineuse liberté, les bons élèves se regroupent en chapelles auxquelles on donne une appellation en «isme».

La liberté et la solitude donnent un vertigineux malaise aux bons élèves qui se regroupent en chapelles.
   Cahier «Banlieue», vers 1975

Anita
Boule rouge –
Sur d'autres images quelques instants après elle apparaît insignifiante, terne, défaite.
Là elle est contenue, elle se contrôle, chargée, tendue vers l'élégance – secrète.
Elle contrôle l'image – c'est elle qui – quelques instants après, par surprise, elle apparaît défaite, son personnage idéal est défait.
   Cahier «Textes portraits», vers 1978

Giacometti
Je me souviens
À travers les vitres poussiéreuses de son atelier, passait la main sur son visage – je suis crevé, j'ai une tête de crevé, mégots, allons prendre un café – se frottait les yeux – une sacrée patine – sur les outils.
Une activité physique concrète, c'est facile. L'image photographiée trouve à s'accrocher – trouve des prises où s'accrocher.
Il est aisé d'y appliquer des recettes graphiques. La précision photographique est bien faite pour inscrire la richesse du hasard.
L'accumulation des objets, des outils groupés au hasard des journées – c'est facile.
La spécificité de la photo est toute disponible pour inscrire avec précision les outils arrivés là au hasard des journées.
   Cahier «Textes portraits», vers 1978

F. Léger
Prend place dans sa toile.
Le mélange intime de l'œuvre et de l'auteur.
C'est une idée élémentaire – simple.
   Cahier «Textes portraits», vers 1978

Picasso
Un modèle exceptionnel.
Occupe l'espace avec la science d'un comédien, d'un danseur.
Inventif, ingénieux, malin c'est le malin.
Une vitalité entraînante – transmutation en or.
Soulève une poussière d'or qui retombe sur les proches – conscient de son pouvoir à transmuter la matière en or.
Une respiration – [illisible] enrichi.
Envie de se dépasser, une machine à regarder, les yeux
Le Corbusier avait trouvé l'expression machine à habiter – c'était une machine à regarder.

Tout de suite, il occupe l'espace avec la grâce d'un danseur – vif, il donne envie
Un regard projeté comme une langue de caméléon
il pompe et à la fois donne envie de se dépasser.
En présence d'un alchimiste pratiquant la transmutation des métaux.
Tous ceux qui l'ont approché se sont retrouvés couverts d'une fine poussière d'or.
Je décidais de rester le plus longtemps possible.
   Cahier «Textes portraits», vers 1978

La photo à la Doisneau

Défense du format carré du Rolleiflex, relations à ses modèles, importance du caractère transgressif de l'acte photographique, difficultés juridiques rencontrées à la fin de sa vie : dans ces textes ou entretiens, sans dogmatisme ni volonté théoricienne, Doisneau défend une conception libre, instinctive et modeste de la pratique photographique.

« La défense du 6 x 6 »

La précision de l'optique enregistrée par une émission soigneusement traitée, voici que la photographie nous révèle les beautés d'un objet ménager, d'une manière banale, c'est très valable.

Couper judicieusement une tranche très mince dans le jambon de la vie, c'est une autre saine utilisation de la photographie.

Dans l'état actuel des objectifs et des surfaces sensibles, cette qualité et cette rapidité d'enregistrement sont réunis dans mon petit piège 6 x 6.

Il n'y a pas beaucoup mieux pour s'approcher tout benoîtement du sujet farouche avec l'appareil appuyé sur l'os de la hanche et déclencher sans mouvement perceptible.

Pas de mallette d'accessoires, les perfectionnements vont toujours à grands coups de chromés très jolis dans les vitrines, désastreux à l'utilisation.

D'ailleurs, au bout d'un an de mains fiévreuses, le vernis est parti, les angles arrondis, l'appareil a tout à fait l'apparence souhaitable.

Depuis 1932, je me sers de mon 6 x 6 et si je suis lyrique pour dire tout le bien que je pense, je dois vous mettre en garde contre son péché mignon. Trop aimable, il pèche par complaisance : il vous montre dans sa glace dépolie de si jolies choses. Vous mettez la tête dedans, alors voici les effets faciles, les vues au ras du sol, les gros plans solennels (pour plus de détails, veuillez vous reporter aux Salons de photographie).

Ne cédez pas à cette facilité.

Voir avec attention, cela demande de la volonté ; avec de l'entraînement, les spectacles de la rue sont nombreux et s'enchaînent. C'est le rôle du photographe de révéler ces trésors fugitifs. La rencontre de plusieurs éléments vous donne une émotion. Vite, enregistrez l'image, surtout si elle ne ressemble à aucune autre déjà vue.

Robert Doisneau, « La défense du 6 x 6 »,
Point de vue Images du monde,
janvier 1963

Doisneau nous parle de ses modèles

– *Et tous ces gens se laissent photographier ?*

– En général, ils n'aiment pas beaucoup ça. J'ai remarqué que plus une région est catholique pratiquante, moins ses habitants aiment se laisser prendre : en Bretagne, en Vendée, j'ai toujours des histoires. À Paris, c'est variable. Tout dépend de mon humeur. Si je descends dans la rue l'esprit ouvert, prêt à surprendre des merveilles, les gens m'accepteront. Si je suis en mauvaise forme, peu sensible, ils le sentent, ils protestent. Je vais toujours m'expliquer près d'eux. Ça se termine au bistrot, on fait la paix devant un verre. Il y a aussi le truc de laisser venir le bonhomme, l'appareil sur la hanche. On calcule qu'au troisième pas qu'il fera, il sera à bonne distance. À ce moment-là, juste on détourne la tête; le type regarde ce qu'on regarde. Hop, la photo est faite et il n'est plus sûr du tout qu'on l'ait photographié. Les gens au travail ? Tout dépend du travail qu'ils font. S'ils l'aiment bien, ils sont contents qu'on les photographie. Mais s'ils sont devant la chaîne à l'usine, ils n'aiment pas qu'on les prenne. Ils ont l'impression qu'on aura d'eux une image honteuse. Tenez, les mineurs, ça les amuse. Les artisans sont si flattés qu'ils perdent tout naturel. Mais les types qui garnissent l'intérieur des carrosseries d'autos (à six dans une carcasse de voiture) le photographe les rend furieux. Je les comprends. Mais je n'ai pas encore compris pourquoi les modèles les plus rétifs sont les lecteurs des bibliothèques. [...]

Un photographe, dit-il [Doisneau], ça ne doit pas réfléchir ni chercher à comprendre comment on fait une bonne photo. Je vois venir ici souvent des Allemands. Magnifiques techniciens. Ils vous recomposent la vie comme ils remontent leurs appareils. Moi je n'aimerais pas penser à la manière dont je réussirai une image. J'aime sortir et que tout d'un coup, là où je suis passé cent fois et où je n'ai jamais rien vu, quelque chose paraisse, que j'attrape. Ensuite, je vois bien pourquoi ça m'a plu, évidemment, mais si je le savais avant, ça ne m'intéresserait pas. Au fond, je crois que je suis un photographe un peu démodé. [...]

— Les techniques nouvelles, ça m'aide, ça ne me passionne pas. Mon premier reportage, je l'ai fait avant guerre avec un appareil à soufflet qu'on m'avait prêté : sur les joueurs de bonneteau du Marché aux Puces de la Porte de Saint-Ouen. Je le referais aujourd'hui : pas tellement différent. Aujourd'hui, je vois les touristes photographier la place de la Concorde illuminée la nuit : avec des cellules qui ne leur servent à rien et des appareils plus que compliqués que les miens. Je vois que les jeunes, avant de commencer, doivent s'acheter pour des dizaines de milliers de francs de matériel. De leur technique parfaite, ils sont tout encombrés. L'académisme les guette. La photo d'art aussi, si l'art est un académisme.

Robert Doisneau,
« Doisneau nous parle de ses modèles »
Tribune de Lausanne,
10 janvier 1965

Voir, c'est désobéir

— *Il faut beaucoup de temps pour faire une photo de Doisneau ?*

— Il faut beaucoup de temps pour faire une photo. On en fait très peu dans toute une vie. Si j'excepte le temps qui a été pris pour le sommeil, pour des activités plus ou moins louables et pour l'obligation de gagner sa vie en faisant un métier technique, photos que je sais faire. Hein, je travaille pas mal enfin si on me donne une photo publicitaire à faire ou même des truquages, je sais le faire. Mais c'est ça qui... ça m'exaspère au bout de quelques jours enfermé au laboratoire ou dans un studio. J'explose. Alors je vais dehors et je fais ma mauvaise tête. Voir c'est désobéir, hein ? D'ailleurs je reviens à cette idée des sens. La musique militaire... la musique militaire c'est une musique qui était faite pour annihiler le sens de l'instinct de conservation, pour aller au combat avec des tambours, c'est un peu le tam-tam qui fait que les gens entrent en transe, mais perdent le sens. Perdre le sens critique c'est obéir. Et faire regarder c'est déjà faire preuve de désobéissance. C'est peut-être ce qui explique la sévérité des magistrats quand ils jugent un photographe. Le photographe a toujours tort dans un procès parce que c'est quelqu'un qui désobéit, qui amène une autre vérité que la vérité livresque dont on a formé tous ces magistrats. Et ça sent le fagot. Le photographe est un type un peu sorcier. Et on le sale quand il est jugé.

– *Quand on nous éduque enfant on nous dit : Baisse les yeux devant quelqu'un qui est ton supérieur.*

– Tout à fait. Baisser les yeux. Ah oui.

– *Le photographe fait le contraire.*

– Il lève les yeux. Il lève les yeux. Oui c'est ça. Y a la cérémonie. Y a l'élévation. Tout le monde est prosterné. Et brusquement y'a une espèce de truc qui est rétif là-dedans, qui regarde. Oh… mais alors celui-là il faut l'humilier, il faut pas qu'il continue. Et ça dérange, hein.

– *Transgression…*

– Je crois qu'aussi y a une chose que… je sais pas… je reprends tout. Y a des magazines photographiques et le contenu de ces magazines photographiques ne peut être imprimé que s'il y a beaucoup de publicité, d'annonces. Ce qui arrive à donner cette forme au… de faux même dans les textes, c'est on dit il faut posséder tel et tel matériel et vous aurez la puissance, vous saurez voir. On n'imagine pas un magazine qui dirait : Surtout n'ayez pas trop de matériel parce que vous allez passer votre temps à visser et dévisser et vous ne regarderez plus. En réalité voir c'est refuser et refuser l'anesthésie de la publicité.

Transcription d'un entretien
dans le film de François Porcile,
Poète et piéton, 1981

La fin de la photographie sauvage

– *Comment les choses ont évolué pour arriver aujourd'hui à de nombreux procès ?*

– C'est assez simple. Depuis une dizaine d'années, le bon peuple sait que l'image a une valeur. Quand on leur « chipe » leur image dans la rue, ils ont l'impression qu'on les dépouille d'un trésor ; que tout est négociable. Et nous devons faire face à une avalanche de demandes à tel point que, selon Cartier-Bresson, il faudrait se promener avec un avocat dans la rue. C'est difficile à comprendre, cette notion de vol d'identité. C'est le plus souvent un prétexte pour tirer un profit. La motivation est uniquement financière. Surtout, comme c'est le cas, lorsque ça vient de gens qui se manifestent quarante ans après. On ne les reconnaît même plus.

– *Vous avez été victime d'abus ?*

– Oui. J'ai photographié en 1947 un peintre dans sa voiture à carreaux. Il y a six mois, j'ai perdu un procès car sa voiture est une œuvre d'art et je n'avais pas l'autorisation de la photographier. Quarante-cinq ans après… C'est pour moi une telle mauvaise foi. Et puis, je crois que nos magistrats, qui ont une formation livresque, sont au départ en opposition avec les hommes d'images. Un individu qui fait des images est suspect, tant la photographie ressemble à une opération magique. Sorciers et sorcières n'ont jamais été bien considérés.

– *Au-delà de ces procès, on a l'impression que le public est de plus en plus réservé face aux photographes.*

– Il y a eu de nombreux abus, des viols réels de la vie privée, les paparazzis… On ne nous regarde plus avec naïveté. La photo est aussi devenue agressive.

Il y a trop de photographes. Ils utilisent souvent leur appareil comme une arme avec une baïonnette, des moteurs qui font du bruit en rafale. Il y a même un appareil qui s'appelle Canon ! Mes jeunes confrères n'ont pas de bonnes manières pour photographier les gens, ils leur jettent l'objectif sous le nez. Les gens jouent le rôle du lapin de Sologne. D'une certaine façon, ce n'est pas un mal de ralentir un peu ce « speculum photographique ».

– *Est-ce que certaines de vos grandes photos ne pourraient plus être faites ?*

– Dans le bouquin que j'ai fait avec Cendrars en 1945-1946, les mariés, le couple au bar, les amoureux chez Gégène, le type qui part à vélo au jardin ouvrier avec tout son matériel, je suis sûr que si je le faisais aujourd'hui j'aurais des ennuis.

– *Comment travailler aujourd'hui ?*

– Pour les photos d'amoureux, le risque de procès est trop grand. Nous sommes donc obligés de prendre des figurants, comme pour une photo publicitaire. Sinon, il faut demander l'autorisation des gens. Le phénomène est ancien aux États-Unis. J'ai travaillé à Los Angeles dans les années 1950 accompagné d'une rédactrice. Dès que je photographiais quelqu'un, elle allait le voir, sortait ses fiches et demandait l'autorisation de publication contre 1 dollar symbolique… C'est quand même « emmerdant » d'être accompagné d'un secrétariat. Ça ralentit formidablement le travail. Mais on ne compte plus le nombre d'avocats américains dont le seul boulot est de récupérer des indemnités auprès des journaux.

– *Mais déjà vous preniez des figurants ?*

– Uniquement quand les gens s'embrassent. Sinon, ça coûte cher. Une partie de mes ressources venait de photos de produits pharmaceutiques. Mes enfants ont beaucoup servi tout comme des acteurs de seconde catégorie.

– *Cette menace de procès a-t-elle changé votre approche de la photographie ?*

– J'y pense sans arrêt. Mon rapport aux gens a changé. Je m'approche moins, je me sens moins bien accueilli. C'est un jeu d'enfant de prendre les gens à leur insu, mais vous êtes obligé de tenir compte des conséquences. Ça casse la magie, ça freine l'inspiration. En fait, ça coupe toute possibilité de faire une photo. Dernièrement, j'ai « vu » une belle photo touchante sur les quais de Seine. Un couple regardait les voiliers amarrés. Ils étaient émerveillés, tellement émerveillés que le garçon en palpait les fesses de sa compagne. Il était si content, et elle aussi. Ça, on ne peut pas le faire en photo. Il faut laisser les gens dans leur intimité. Elle portait une robe à fleurs, j'avais l'impression qu'il les cueillait.

– *Outre leur qualité, vos photos témoignent d'un mode de vie et appartiennent donc au patrimoine. La « photo de gens » n'est-elle pas ainsi menacée ?*

– Je crois que c'est la fin de la photographie sauvage. Cartier-Bresson, Kertész ne pourraient plus s'exprimer. Certains essaient encore, comme Guy Le Querrec, mais je pense qu'ils envient leurs anciens. J'étais au Festival de photojournalisme de Perpignan. On y voit beaucoup d'héroïsme, de souffrance, mais une seule exposition montrait une connivence ironique entre le photographe et les gens. Or c'est la seule chose que j'aime faire.

Propos recueillis
par Michel Guerrin,
Le Monde des débats,
décembre 1992

Le Paris de Robert Doisneau

Peu de photographes ont autant lié leur nom à Paris et à sa banlieue. Cet infatigable arpenteur de la rue parisienne a accompagné toutes les mutations de la capitale et de sa périphérie dans la seconde moitié du XXe siècle, tantôt avec nostalgie, parfois avec colère.

La banlieue de Paris

Je m'y revois enfant, ce fut le premier aspect du monde que j'eus à contempler. Des gens étonnants, celui qui curait les rails en creux du tramway, de ce véhicule à voie unique dont une aiguille, juste en face de chez moi, commandait le passage de deux voitures. J'étais trop jeune pour photographier, mais il n'en fut plus de même par la suite, je pense encore à ces enfants qui revenaient de la forêt de Sénart le dimanche sur des vélos chargés de bouquets. Dans ce hideux décor vivaient des êtres très tendres, jeunes filles courant à leur travail le matin, noces du samedi s'en allant gaiement à Robinson. C'est vraiment ma jeunesse. Ce qui m'a frappé, c'est le rapport constant des hommes non pas tant avec un environnement plus ou moins affreux, mais l'inhumanité de la vie en groupe, les queues au tramway, les joies du métro, l'homme noyé dans la grande ville. C'est une des raisons qui m'a puissamment attiré vers les mariées de banlieue. Je les voyais partir en autocar et même à pied comme à la campagne, le marié et la mariée devant, les invités derrière et le spectacle de cette tendresse sur ce décor repoussoir me laissait l'impression d'une jeunesse souillée. Il y a quelque chose de pathétique dans la mariée qui boit un verre sur le zinc et chez celle qui monte sur le tape-cul chez Gégène.

Ce qui me semble très clair ne l'était guère pour les autres. C'est pourquoi, il faut s'entêter. Contrairement à ce qu'on peut croire, les images ne sont pas évidentes du tout. Un jour, quelqu'un devant mes photos de banlieue dit : « C'est très bien tout cela, mais maintenant faites-moi voir quelque chose de beau. » L'esprit n'y était pas, le Rolleiflex facilitait les portraits sur fond de ciel gris en se mettant à plat ventre une fois ou deux, soit, mais à répétitions, non !

Je reviens donc à mon premier livre : *La Banlieue de Paris*. Il vous sera plus facile de me suivre à présent. C'est avec Blaise Cendrars que je l'ai fait, un sacré bonhomme ! Voici comment les choses se sont passées. J'avais accumulé ces clichés dont je vous parlais à l'instant et qui n'intéressaient personne. J'en possédais environ trois cents. Au cours d'une rencontre avec Blaise Cendrars, je les lui montre. Ce dernier m'avoua qu'ils correspondaient à ce qu'il ressentait lui-même. Je les lui adressai et quelques jours après nous décidâmes de faire un livre. Bien qu'impression et mise en pages soient discutables, c'est celui pour lequel j'ai eu le plus de tendresse. Le succès fut moyen, mais de nouveau on s'y intéresse : une autre édition plus réduite comprend trente ou quarante photos au lieu de cent trente. Il y a les costumes et les coiffures du temps. C'était la banlieue de Paris vers 1948.

Le texte de Blaise Cendrars était admirable, quant à mes vues, c'était un éventail où figuraient : les inventeurs, celui dont le réveille-matin fermait l'électricité, les bricoleurs constructeurs de trains à vapeur, le monsieur jouant du clairon le dimanche matin dans son jardin, l'employé de métro d'origine bretonne creusant des sabots, le dresseur de chiens, la piscine chez Berretret à Joinville ; ce qu'on voyait chez Gégène au quai Polangis, le froid sur le canal d'Aubervilliers et les places vides avec de petits groupes çà et là. Cette banlieue était très laide, actuellement elle l'est encore plus. J'en parle avec tendresse, car c'était moi et lorsque cet ouvrage fut imprimé, ce fut un très grand bonheur. Un livre qu'est-ce que c'est? Le refus de disparaître complètement.

Laissons là le passé et songeons à ma dernière production : *Le Paris de Robert Doisneau et Max-Pol Fouchet*. Tout n'est pas récent, certaines épreuves datent de 1931. Mon but : faire ressortir le rapport, quelquefois l'indifférence d'un public se pressant en bas d'une œuvre peinte ou sculptée provoquant des contrastes émouvants ou cocasses avec un rien d'étrange. Le Paris où j'ai vécu, que j'aime, où je suis à l'aise, ce Paris s'en va. Je me déplais à la Défense devant les nouvelles tours ! Qu'irais-je y faire ? Je ne suis pas ému : dans cette sorte de ville, j'ai le sentiment d'être enfermé dehors. Max-Pol Fouchet a fort bien saisi ce que je voulais exprimer. Nous nous sommes parfaitement entendus. En réalité, c'est la collaboration de l'homme cultivé avec le barbare. Son apport est très différent : une réflexion chargée de souvenirs littéraires, picturaux, historiques.

Il ne me trahit pas, c'est un complément. Je n'insisterai que sur le passage évoquant les feux verts et rouges obligeant les piétons à l'obéissance, le conditionnement d'individus habitués à se soumettre, en les orientant peut-être vers la voie de la dictature. C'est très joliment dit.

Robert Doisneau,
propos recueillis par Jean Leroy,
Photo Revue, février 1975

Rétrovision

Je ne regarde mes vieilles photographies que par nécessité. L'examen, à chaque fois, me charge de cette nostalgie qu'apporte tout ce qui évoque une jeunesse enfuie.

Seules sont supportables celles où je retrouve ma maladresse de débutant, comme on retrouve avec émotion un devoir scolaire bourré de fautes d'orthographe.

Un coup d'œil dans le rétroviseur indique que je n'ai pas été avare de mes pas : d'abord du pavé, ensuite sur l'asphalte. Ma déambulation n'était en rien un quadrillage systématique, j'allais le nez en l'air, comptant sur le bon cœur du hasard avec un équipement dont l'indigence était une assurance contre la virtuosité.

Ainsi baguenaudant, j'ai découvert des aspects de la ville qui ne figurent pas sur les guides. Par exemple, le pavage en forme de cœur devant l'Institut, la ferronnerie du square Rapp, le crucifix sur fond de gazomètres de la rue de l'Évangile, les dessins du curé dans le clocher de l'église de Ménilmontant, les roues de la fortune du pont de Crimée, la boulangerie de la rue du Poitou, Et subsiste pour moi, comme un monument, ce coin de rue où, pour la dernière fois, un ami m'a fait un signe de la main.

Que le groin des bulldozers s'acharne à éventrer Paris, c'est dans l'ordre des choses : il vient faire la place à des maisons toutes badigeonnées de couleur beige. La beauté doit être éphémère, les villes-musées, comme les vieilles coquettes, ne sont fréquentables qu'en lumière atténuée.

Maintenant il est suffisamment tard, il y a prescription. Je peux bien avouer que les démolisseurs sont mes complices, ces escamoteurs de décors ont droit à ma gratitude, leur vaillance donne de la plus-value à mes vieilles photographies.

Quand, aujourd'hui, je vois les conservateurs et les bibliothécaires faire grand cas de ces documents glanés dans des situations répréhensibles, devant les gestes bénisseurs de ces gens qui représentent l'ordre, je sens monter une délicieuse jubilation.

Tout ceci est bien gentil mais il y a toujours, lancinante, la même question qui vient me gâter le plaisir : combien de fois encore verrai-je refleurir les merveilleux marronniers du boulevard Arago ?

Robert Doisneau,
À l'imparfait de l'objectif,
Actes Sud, 1989

Paris n'est plus une fête

En 1990, dans le cadre de l'hommage qui lui est rendu à Beaubourg avec le film Doisneau, badaud de Paris…, *Robert Doisneau explique pourquoi à ses yeux Paris n'est plus une fête.*

– *On remplace les merceries par des agences bancaires, des compagnies d'assurances installent leurs sièges sociaux à la place d'anciens music-halls, on transforme les quais en autoroute… Paris reste-t-il Paris ?*

À mon âge, je n'ai aucune envie de radoter et de parler de « mon temps ».

Je ne retourne généralement pas dans les endroits que j'aime trop. Je suis comme Queneau : je me suis toujours senti bien dans les endroits banals. Les autres ne me semblent pas tous saccagés. Il y a encore des lieux magiques à Paris. À l'automne, au carrefour de l'Observatoire, les grandes allées rouges du jardin du Luxembourg, cela reste fabuleux. L'hiver, à la tombée de la nuit, le Pont-Neuf et la pointe Henri-IV voilés par la brume, cela demeure merveilleux. Je ne crois pas qu'on ait massacré l'enveloppe extérieure de Paris. Certains quartiers ont été ravagés, Ménilmontant n'a plus rien de commun avec celui que j'ai connu, mais ce ne sont pas les murs abattus qui me gênent. Ce qui me déçoit, c'est qu'à Paris on rabote les détails croustillants. La ville a moins changé que ses habitants.

– *Il n'y a plus de Parisiens à Paris ?*

Les gens semblent tous de passage. Moi qui me pose à un endroit, immobile, pendant deux ou trois heures, je ne vois plus que du mouvement. Tout est mobile. Les gens ne glandent plus. Avant la guerre, les gens travaillaient et vivaient à Paris. On habitait à côté de son boulot. On avait des heures à tuer le soir, on ne filait pas attraper son train de banlieue, on traînait, on parlait.

– *On parlait vraiment tant que ça ?*

Non seulement on se parlait, mais on chantait ensemble. Au coin des rues, il y avait des groupes avec un accordéon, un violon, un batteur et une chanteuse. Le chef musicien vendait au public des « formats » avec les paroles, et les gens chantaient tous ensemble le refrain. Même dans le métro, il arrivait que quelqu'un chante et que dix personnes dans le wagon fredonnent avec lui. Carné et Prévert ne faisaient pas de la poésie, ils montraient la vie comme elle était, beaucoup plus chaleureuse.

– Les gens étaient plus sympathiques ?

Ils avaient plus de temps et plus de bonne volonté. La nuit, aux Halles, tout le monde y mettait du sien. Il le fallait d'ailleurs pour permettre aux gros camions de manœuvrer dans les plus petites rues de Paris.

Tout le monde se tutoyait, la nuit. On tutoyait même les flics. C'est vrai que les gens se mélangeaient beaucoup plus. J'ai l'impression qu'à présent la nuit est plus hiérarchisée. Les riches vont dans des clubs où le prix des consommations est prohibitif pour les pauvres. Tout le monde pouvait aller et allait dans les bals. « Paris est une fête », d'Hemingway, ce n'était pas seulement un mot. J'aimais bien le bal Bullier, au carrefour de l'Observatoire. On y rencontrait des femmes du monde, des hommes en smoking, des filles, des apaches… Chacun avait sa façon de s'habiller, mais les tribus discutaient entre elles. C'est fini.

– Peut-être parce que les gens ont plus peur qu'autrefois ?

Là, c'est tout le changement. Aujourd'hui, si je repère une vue et que je monte dans un immeuble pour demander qu'on me passe une fenêtre, je me fais jeter. Les gens n'avaient pas peur comme cela. Il n'y avait pas tant de violence, non plus. Et puis, on craignait moins la douleur. De mon temps, se faire soigner les dents était un cauchemar. Si on devait se faire opérer, les anesthésistes vous asphyxiaient littéralement. Aujourd'hui, une infirmière approche, vous tend un comprimé, vous demande de combien font trois fois onze et c'est fini, vous dormez. On n'est plus habitué au mal. On se replie sur soi. C'est inouï, tous ces gens qui se promènent avec des baladeurs. Et tous ceux qui ne peuvent pénétrer dans leur voiture sans allumer la radio ! Il faut sans cesse du mouvement et du bruit. Les gens ont peur d'être seuls et, du coup, paradoxe absurde, ils s'enferment avec leur télé. Autrefois, quand l'actualité devenait passionnante, on avait le réflexe de sortir, d'aller acheter le journal et d'en discuter sur place. Maintenant, on se rue sur son poste. On échappe au monde. Le bouche à oreille n'existe plus. Ni la rumeur.

– Tout cela n'apparaît pas, cela dit, dans l'architecture.

Au contraire, je dirais qu'elle le reflète parfaitement – et c'est exactement le mot qui convient. Toutes ces agences bancaires, tous ces immeubles en verre, toutes ces façades en miroir sont la marque d'une architecture du reflet. On ne voit plus ce qui se passe chez les autres et on a peur de l'ombre. La ville devient abstraite. Elle ne reflète plus qu'elle-même. Les gens font presque désordre dans ses perspectives. Avant la guerre, il y avait partout des recoins. À présent, on essaye de chasser l'ombre, on aligne les chaussées, on n'a plus le droit d'installer une remise sans autorisation personnelle du ministre de la Culture. Paris devient une ville-musée. Chez moi, mon grand-père avait bâti un petit immeuble. À côté, le patronage avait ses appentis, plus loin l'entrepreneur de peinture conservait du matériel sous des bâches. Chacun ajoutait son truc. C'était télescopique. Comme un jeu. La ville n'était pas ruineuse. Les gens modestes pouvaient vivre et travailler à Paris. On voyait des maçons en bleu, des peintres en blanc, des charpentiers en velours… Maintenant, regardez le faubourg Saint-Antoine : les artisans refluent devant les agences de pub et galeries de design. Le terrain est si cher que seules d'énormes entreprises peuvent construire et, pour rentabiliser, elles bâtissent « énorme ». Des cubes, des carrés, des rectangles. Tout tombe droit. Le désordre est banni. Un peu de bordel, c'est bien pourtant ! C'est là que se niche la poésie. On n'avait pas besoin que les promoteurs nous offrent, dans leur magnanimité, des espaces ludiques. On se les inventait. Aujourd'hui plus question de bricoler, la commission d'urbanisme débarque. Toute spontanéité est bannie. La vie fait peur.

Propos recueillis par Gilles Martin-Chauffier, *Paris Match*, 1er mars 1990

L'espoir à l'œil

« La grisaille s'installe qui va comme un gant à la banlieue où je suis. Nous n'avons pas d'émulsions assez fines pour… »

C'est en ces termes, quand ils préparaient ensemble ce livre sur *La Banlieue de Paris*, publié en 1949 dans l'indifférence et qui vient d'être réédité avec succès, que Robert Doisneau, le photographe, tenait Blaise Cendrars, l'écrivain installé en Provence, au courant de ses travaux.

« C'est un autoportrait, dit aujourd'hui Robert Doisneau. La banlieue a perdu ses arbres tandis que je perdais mes cheveux. » S'il n'a pas enregistré un à un les changements du paysage qui l'entoure, de Gentilly où il est né en 1912, à Montrouge où il vit depuis toujours, c'est qu'on l'a dissuadé d'en devenir le spécialiste.

La banlieue est à la mode. Elle passionne des architectes prêts à la raccommoder, à lui donner un air plus urbain. Elle intrigue un président de la République alerté par les algarades violentes, le malheur et le désespoir des plus déshérités de ceux qui y vivent.

Vague, le mot désigne autant de cités paisibles, entre forêt et jardinets, que de quartiers mornes, froids et hostiles où Cendrars retrouverait ce « monde fadé, sonné, truqué, injuste, dur et méchant », ce monde « sans humanité » qu'il disait « toucher du doigt » en sortant de Paris.

La banlieue, ce pourrait être l'ensemble des lieux où l'on se perd si l'on n'y habite. Ces quartiers au-delà du métro, la grille de lecture qui rassure, qui tient chaud. Mais le métro, les trains, le RER, ont lancé loin leurs bras. La grande route traverse en l'ignorant ce paysage en vide, cette suite incompréhensible de territoires trop indéterminés. La banlieue, c'est les autres…

La nostalgie ne fait pas le détail. Devant ces portraits d'enfants pauvres, on se prend, en 1984, à tout aimer : les tabliers noirs et le pavé luisant, les ferrailles menaçantes au-dessus des premiers pas d'un marmot d'Issy et les ciels lourds qu'ignore la jeunesse des faubourgs.

Le regard bleu et rieur de Robert Doisneau, il l'explique maintenant, faisait parfaitement la différence. Plein d'affection pour les êtres, plein de reproche pour les lieux. S'il ne s'installe pas aujourd'hui pendant des heures, comme il aime à le faire, pour traquer les mouvements imprévus de la vie, à La Courneuve, ou à Gennevilliers, c'est – sans doute – que ce serait trop triste.

Lui qui a «horreur des porteurs de messages» sait très bien ce qu'il voulait dire. «Pour Cendrars, la banlieue c'était le dépotoir. Il était impitoyable pour la mocheté. Moi, je pensais au contraire que c'était une réserve de forces, de lumière. Je ne voulais pas, avec mes images, la déglinguer complètement. Gentilly, je trouvais cela très laid, absurde. Mais les gens me plaisaient, je trouvais qu'ils méritaient un autre décor.»

«C'était un peu avant que Le Corbusier parle de machine à habiter. J'allais à l'école Estienne (apprendre un métier, lithograveur, qui n'existait plus quand je suis sorti). On m'avait déjà donné la notion du beau. On parlait de taylorisme dans le travail. Les maisons ne se fabriqueraient plus brique par brique. Ce serait fonctionnel, épatant. Je voulais une banlieue raide, nette, droite. Je me disais : toute cette saloperie va foutre le camp. J'ai vu mon erreur : ils y ont été un peu fort…»

Mais l'œil de Doisneau cherchait toujours un angle pour espérer. Dans la zone «farouche», ce gosse en mouvement près de l'arbre miteux du terrain vague, image de l'énergie vitale à la mesure de l'hostilité du décor. Devant les hautes maisons grises et laides de Gentilly, la farandole indestructible des vingt ans de Josette Périsson…

Le décor est-il plus féroce aujourd'hui qu'il avive le goût de la violence ? «Les gens avaient plus de temps. Il y avait plus de jeu dans la mécanique (pour se distraire, on n'avait pas besoin de voler une voiture), plus de possibilités de truquer… Beaucoup moins facile avec le béton. On pouvait dévaler une rue sur une planche et quatre roues… Il y avait des terrains vagues en quantité, qui permettent toutes les interprétations… Maintenant, je vois les espaces de jeux. On dit aux gosses : "Vous montez là, ça bouge…" Des marches à jouer ! »

L'observateur amusé de la modernité nous montrera tout à l'heure, au-dessus de Wissous, ce jardin «extravagant» où un savant échafaudage de bois attend les enfants des environs. Sous un ciel de lignes à haute tension grésillantes de foudre en suspension.

Tout autour, d'Arcueil à Chevilly, la banlieue du rafistolé, des rajouts et des à-peu-près, résiste à la ville. L'autoroute du Sud est sur la digue, menace provisoirement écartée. En contrebas règne un désordre familier où Robert Doisneau retrouve sans mal le «maître teinturier» qui a installé dans sa vitrine une colonie de flamants roses. Le peintre de la réalité viendrait volontiers planter là son chevalet. Parler comme avant.

Dans la ville moderne, «on ne rencontre plus personne. Le seul moment où on peut les attraper, c'est juste après le journal télévisé de 20 heures, quand ils vont faire pisser le chien. Faut faire vite. Ils ne veulent pas rater le film… Sur la dalle du front de Seine, j'ai fait un bide. J'y suis allé quinze fois. Jamais personne. Devant ce mur en céramique, à Vanves, avec des papillons géants, des papillons de chez Krupp, j'ai attendu qu'il se passe quelque chose. Rien.»

Mais rien pour Robert Doisneau, c'est souvent quelque chose. Merci, Monsieur Doisneau.

Michèle Champenois,
«Robert Doisneau, photographe,
se souvient de la banlieue d'hier
et raconte celle d'aujourd'hui»,
Le Monde aujourd'hui,
lundi 5 mars 1984

BIBLIOGRAPHIE

Il n'est pas toujours facile de distinguer, parmi les ouvrages parus du vivant de Doisneau, ceux qu'il considérait effectivement comme les siens de ceux auxquels il apporta juste une contribution en fournissant des images. On a donc choisi de séparer ceux parus avant 1994, date de sa mort, de ceux parus après. Sauf mention explicite d'un auteur avant le titre, tous ces ouvrages sont considérés de Doisneau. Les quelques titres hors commerce qu'il réalisa, dans les années 1960 et 1970 notamment, ont été laissés de côté, de même que les ouvrages collectifs auxquels il ne fit que collaborer.

Principaux ouvrages sur Doisneau parus jusqu'en 1994

– *La Banlieue de Paris*, texte de Blaise Cendrars, Pierre Seghers, Paris / La Guilde du Livre, Lausanne, 1949 (nouvelle édition, Denoël, 1983).
– *Les Parisiens tels qu'ils sont*, textes de Robert Giraud et Michel Ragon, Delpire, Paris, 1954.
– *Instantanés de Paris*, préface de Blaise Cendrars, présentation d'Albert Plécy, Arthaud, Paris, 1955.
– *1, 2, 3, 4, 5 compter en s'amusant*, Clairefontaine, Lausanne, 1955.
– *Pour que Paris soit*, texte d'Elsa Triolet, Cercle d'Art, Paris, 1956.
– *Gosses de Paris*, textes de Jean Donguès, Jeheber, Genève, Paris, 1956.
– *Marius le forestier*, texte de Dominique Halévy, Fernand Nathan, Paris, 1964.
– *Le Royaume d'argot*, texte de Robert Giraud, Denoël, Paris, 1965.
– *Catherine la danseuse*, texte de Michèle Manceaux, Fernand Nathan, Paris, 1966.
– *Le Paris de Robert Doisneau et Max-Pol Fouchet*, texte de Max-Pol Fouchet, Les éditeurs français réunis, Paris, 1974 (nouvelle édition, Messidor, Paris, 1986).
– *L'Enfant et la colombe*, texte de James Sage, Éditions du Chêne, Paris, 1978.
– *La Loire. Journal d'un voyage*, texte de Robert Doisneau, Filipacchi-Denoël, Paris, 1978.
– *Trois secondes d'éternité*, texte de Robert Doisneau, Contrejour, Paris, 1979.
– *Le Mal de Paris*, texte de Clément Lépidis, Arthaud, Paris, 1980.
– *Ballade pour violoncelle et chambre noire*, texte de Maurice Baquet, Herscher, Paris, 1981.
– *Le Vin des rues*, texte de Robert Giraud, Denoël, Paris, 1983 (première édition du texte de Giraud, 1954).
– *Robert Doisneau*, entretien avec Sylvain Roumette, collection « Photo poche », Centre national de la Photographie, Paris, 1983.
– Jean-François Chevrier, *Doisneau*, collection « Les grands photographes », Belfond, Paris, 1983.
– *Un certain Robert Doisneau*, texte de Robert Doisneau, Éditions du Chêne, Paris, 1986.
– *Doisneau-Renault*, Hazan, Paris, 1988.
– *Les Doigts pleins d'encre*, texte de Cavanna, Hoëbeke, Paris, 1989.
– Robert Doisneau et Jacques Dubois, *Les Auvergnats*, Nathan Image, Paris, 1990.
– *La Science de Doisneau*, préface de Théodore Monod, notices d'Alain Foucault, Hoëbeke, Paris, 1990.
– Sylvain Roumette, *Lettre ouverte à un aveugle sur des photographies de Robert Doisneau*, Le temps qu'il fait – Le tout sur le tout, Paris, Cognac, 1990.
– *La Compagnie des zincs*, texte de François Caradec, Seghers, Paris, 1991.
– *Les Grandes Vacances*, texte de Daniel Pennac, Hoëbeke, Paris, 1991.
– *Portrait de Saint-Denis*, préface de Patrick Roegiers, Calmann-Lévy, Paris, 1991.
– *Rue Jacques-Prévert*, textes de Robert Doisneau et Jacques Prévert, Hoëbeke, Paris, 1992.
– *La Vie de famille*, texte de Daniel Pennac, Hoëbeke, Paris, 1993.
– *Doisneau 40-44*, texte de Pascal Ory, Hoëbeke, Paris, 1994.
– *Robert Doisneau. De la Résistance à la Libération*, conseil général du Val-de-Marne, musée de la Résistance nationale, Hoëbeke, Paris, 1994.

Ouvrages autobiographiques et d'entretiens

– Robert Doisneau, *À l'imparfait de l'objectif*, Belfond, Paris, 1989 (nouvelle édition, collection « Babel », Actes Sud, Arles, 1995).
– Henri Alekan et Robert Doisneau, *Questions de lumières*, Stratem, Paris, 1993.
– Robert Doisneau, *J'attends toujours le printemps. Lettres à Maurice Baquet*, Actes Sud, Arles, 1996.

Sélection d'entretiens et d'articles

– Numéros de la revue *Le Point* auxquels Doisneau apporta une collaboration primordiale : *Imprimeries clandestines* (1945), *Aubusson et la Renaissance de la tapisserie* (1945), *Henri Laurens* (1946), *Le Corbusier. L'unité d'habitation de Marseille* (1948), *Colette* (1951), *Picasso* (1952), *Paul Léautaud* (1953), *Georges Braque* (1953), *Bistrots* (1960).

– Robert Doisneau, «La défense du 6×6», *Point de vue Images du monde,* janvier 1953.
– «Robert Doisneau le reporter» (entretien avec Daniel Masclet), *Photo-cinéma*, n° 597, juillet 1951.
– «Robert Doisneau, Propos décousus sur la photographie», *Revue nationale de photographie*, 9ᵉ année, juillet-août 1952.
– «Doisneau nous parle de ses modèles», *La Tribune de Lausanne*, 10 janvier 1965.
– «Robert Doisneau, propos recueillis par Jean Leroy», *Photo-Revue*, février 1975.
– «Le regard de la tendresse. *L'Express* va plus loin avec Robert Doisneau», *L'Express*, 23-29 juillet 1982.
– «Robert Doisneau-Léo Malet, rencontre», *Leimotiv*, n° 1, 1988.
– «Doisneau-Salgado : photo, boulot, duo», *Libération*, 3 janvier 1989.
– «Paris n'est plus une fête», propos recueillis par Gilles Martin-Chauffier, *Paris Match*, 1ᵉʳ mars 1990.
– «Entretien avec Robert Doisneau», *Arts graphiques magazine*, n° 17, été 1991.
– «La fin des dénicheurs, entretien avec Robert Doisneau», propos recueillis par Michel Guerrin, *Le Monde des débats*, décembre 1992.
– «Robert Doisneau, le mystère de la chambre claire», propos recueillis par Thierry Bayle, *Le Magazine littéraire*, n° 309, avril 1993.

Principaux ouvrages sur Doisneau parus après sa mort en 1994

– Peter Hamilton, *Robert Doisneau ou la vie d'un photographe*, Hoëbeke, Paris, 1995.
– *Robert Doisneau : rétrospective*, texte de Peter Hamilton, Hoëbeke/Paris-Musées, 1995.
– *Robert Doisneau*, texte de Brigitte Ollier, Hazan, Paris, 1995.
– *Jamais comme avant*, texte de Jean Vautrin, Cercle d'Art, Paris, 1996 (réédition avec un autre texte de *Pour que Paris soit*).
– *Mes Parisiens*, Photo poche Société, Actes Sud, Arles, 1997.
– *La Transhumance de Robert Doisneau*, propos de Robert Doisneau, Actes Sud, Arles, 1999.
– *Les Tatouages du «Milieu»*, texte de Robert Giraud, dessins de tatouages de Jacques Delarue, L'Oiseau de Minerve, 1999 (première édition du texte de Giraud et Delarue 1950).
– *Travailleurs*, texte de Jean-Claude Renard, Éditions du Chêne, Paris, 2003.
– Jean-Claude Gautrand, *Robert Doisneau*, Taschen, 2003.
– Brigitte Ollier, *Robert*, Filigranes, Trézélan, 2003.
– *Doisneau chez Joliot Curie. Un photographe au pays des physiciens*, textes de Ginette Gablot, Sylvia Linard, Alain P. Michel *et alii*, Romain Pages/Musée des Arts et Métiers, Paris, 2005.
– *Le Renault de Doisneau*, textes de Claire Stoullig et Ann Hindry, Somogy, Paris, 2005.
– *Doisneau Paris*, Flammarion, Paris, 2005.
– *Portraits d'artistes*, texte d'Antoine de Baecque, Flammarion, Paris, 2008.
– *Doisneau, un voyage en Alsace 1945*, texte de Vladimir Vasak, Flammarion, Paris, 2008.
– *Du métier à l'œuvre*, texte de Jean-François Chevrier, préface d'Agnès Sire, Steidl, 2010.
– *Palm Springs 1960*, texte de Jean-Paul Dubois, Flammarion, Paris, 2010.
– *Robert Doisneau*, préface de Philippe Claudel, conseil général de la Moselle/Serge Domini Éditeur, Ars-sur-Moselle, 2011.
– *Doisneau Paris les Halles*, texte de Vladimir Vasak, Flammarion, Paris, 2011.

Sources audiovisuelles

– *Le Paris de Robert Doisneau* de François Porcile, Télé Europe Production, 1973.
– *Trois jours, trois photographes* de Fernand Moscowitz avec Jeanloup Sieff et Bruno Barbey, 1979.
– *Poète et piéton* de François Porcile, Télé Europe Production, 1981.
– *Robert Doisneau : la banlieue parisienne* de Gilles Delavaud, production Gilles Delavaud et Sylvie Blum, 1985.
– *Robert Doisneau* de Sylvain Roumette, série «Contacts», coproduction CNP/La sept/Riff Production, 1989.
– *Bonjour, Monsieur Doisneau* de Sabine Azéma, RIFF Production, 1992.
– *Question de lumière – Robert Doisneau / Henri Alekan*, de Franck Saunier, production Stratem, 1993.
– *Les Visiteurs du square* de Robert Doisneau, Scilly Production, 1993.
– *Doisneau des villes, Doisneau des champs* de Patrick Cazals, FR3 Limousin-Poitou-Charente, 1993.
– *Robert Doisneau tout simplement* de Patrick Jeudy, production Point du jour, 2000.
– *Le Braconnier de l'éphémère*, double CD «Les grandes heures Ina / Radio France», production Ina / Radio France, 2006.
– *Enquête d'art – Robert Doisneau* de Laurence Thiriat, Eclectic Production, 2012.

Pour plus d'informations :
www.atelierdoisneau.fr

TABLE DES ILLUSTRATIONS

Sauf mention contraire, toutes les photos sont de Doisneau et sont conservées à l'atelier Robert-Doisneau, de même les documents présentés dans cet ouvrage proviennent de l'atelier Robert-Doisneau.

COUVERTURE

1er plat *Mademoiselle Anita*, La Boule Rouge, Paris XIe, 1951.
Dos Autoportrait au Rolleiflex, 1947.
4e plat *Les cygnes gonflables*, Palm Springs, 1960.

OUVERTURE

Série sélectionnée par Doisneau avec numérotation et légendes de sa main.
1 *Le cadran scolaire*, Paris, 1956.
2 *Le vélo de Tati*, Paris, 1949.
3 Le remonteur d'horloge de l'Hôtel de Ville, Paris, 4 juin 1956.
4 Jacqueline Delubac et Hélène Rochas au théâtre, Paris, 1950.
5 *Colette aux sulfures*, Paris Ier, 1950.
6 *Préparation du catalogue Simca. Capelines et décapotables !*, 1949.
7 Alberto Giacometti, 19 décembre 1957.
8 Eartha Kitt, 1950.
9 Opération à cœur ouvert à Marie Lannelongue, 1957.
11 Les pêcheurs et les mouches, détail d'un montage de 1972.

CHAPITRE 1

12 La poterne des Peupliers, Paris XIIIe, 1934.
13 Anonyme, Robert Doisneau vers 1930.
14 Naissance de Robert Sylvain Gaston Doisneau le 14 avril 1912, extrait des registres de l'état civil de la commune de Gentilly.
15h *Branche de houx*, travail d'études de Doisneau réalisé entre 1924 et 1929, à l'École Estienne.
15b Doisneau dans l'équipe du club pédestre de Montrouge, anonyme, deuxième moitié des années 1920.
16 L'Agocholine Zizine, médicament, photo publicitaire faite par Doisneau à l'atelier Ullmann en 1930.
17 André Vigneau, publicité pour les mannequins Siégel, épreuve gélatino-argentique, vers 1928. Paris, Centre Pompidou, Musée national d'art moderne.
18h *La première maîtresse*, Paris, 1935.
18b Dessin de Doisneau, 1923.
19 «Le Marché aux puces», in *L'Excelsior*, 25 septembre 1932.
20 «Le Printemps est plus beau... avec une Renault», publicité, photo prise dans le parc de Saint-Cloud, 1937.
21 *La pause*, Boulogne-Billancourt, 1938.
22 Dessin de Doisneau sur un courrier à sa femme, Notre-Dame-de-Bellegarde, 7 février 1940.
23 *Le cheval tombé*, Paris, 1942.
24h Deux des cartes postales photographiques illustrant la vie de Napoléon, 1940.
24-25 Double page de *Nouveaux Destins de l'intelligence française*, Union bibliophile de France, Montrouge, 1943.
25 Olga et Enrico Pontremoli et Philipeau dans leur atelier, reportage pour *Le Point*, 1945.
26 *Le repos du FFI*, Paris, août 1944.
27 *Voyageurs sans bagage*, Paris, 1942.

CHAPITRE 2

28 *La stricte intimité*, Montrouge, 1945.
29 Jaquette de la première édition de *La Banlieue de Paris*, Pierre Seghers éditeur, 1949.
30 «1.095 jours plus tard», dans *Point de vue*, no 127, 21 août 1947.
31 Différentes photographies parues dans *Action*, rassemblées par Doisneau, 1945-1948.
32 *Cendrars et les agaves*, Saint-Segond, juillet 1948.
32-33 *Cyclo-cross à Gentilly*, 1946.
34-35 Quatre doubles pages de la première édition de *La Banlieue de Paris*, Pierre Seghers éditeur, 1949 : «Décors», «Amour», «Gosses», «Habitations».
36 «Le photographe était derrière la vitrine. Histoire sans paroles», *Point de vue*, 25 mai 1949.
37h *Coco*, Paris, 1952.
37b *Richardot*, 1950.
38 Raymond Queneau, rue de Reuilly, Paris XIIe, le 31 mai 1956.
39 «Effrondré par la vacherie du monde», *Prévert au guéridon*, Paris Ve, 1955.
40-41 Dédicace de Doisneau à ses parents dans *Gosses de Paris*, éditions Jeheber, 1956.
40g Couverture de *Sortilèges de Paris*, Arthaud, 1952.
40m Couverture des *Parisiens tels qu'ils sont*, Delpire, 1954.
40d Couverture de *Paris bei Tag Paris bei Nacht* [édition allemande de *Pour que Paris soit*], Aufbau-Verlag, 1958.
41g Couverture de *Pour que Paris soit*, Cercle d'Art, 1956.
41m Couverture de *Robert Doisneau's Paris* [édition américaine de *Instantanés de Paris*], Simon & Schuster, 1956.
41d Couverture d'*Instantanés de Paris*, Arthaud, 1955.
42-43 Le groupe des XV dans le jardin des Tuileries vers 1950, anonyme, épreuve gélatino-argentique. Centre Pompidou, Musée national d'art moderne.
42 Invitation d'une exposition du groupe des XV, galerie Vissot.
43 Coupure de presse annonçant la remise du Prix Niépce à Doisneau, 1956.

TABLE DES ILLUSTRATIONS

44 Couverture du magazine *Infinity*, février 1959.
44-45h Dépliant de visite de l'exposition « Robert Doisneau » à l'Art Institute of Chicago, 1954.
44-45b « Speaking of Pictures », double page de *Life*, 12 juin 1950.

CHAPITRE 3

46 Prise de vue à l'atelier, Robert Doisneau et Robert Cacheux, vers 1945.
47 Couverture de *Mort dans l'ascenseur*, Albin Michel, 1951.
48h Carte de presse de Doisneau validée jusqu'en 1990.
48b Agenda de Doisneau, 14 octobre 1956.
49 Robert Doisneau (au centre avec le déclencheur à distance) à l'agence Rapho, Noël 1953.
50 Couverture de *La Vie Ouvrière*, n° 1650, 14 avril 1976.
50-51 Travaux pour *Vogue*, planche-contact, 1950.
52 Couverture de *La Vie catholique illustrée*, n° 247, avril 1950.
53h Couverture de *Femmes françaises*, n° 316, 9 décembre 1950.
53b Couverture de *France Magazine*, n° 218, 23 décembre 1951.
54 Jeanne Moreau joue *Les Caves du Vatican* à la Comédie-Française, 1951.
55 Picasso en couverture de *Life*, n° 26, 27 décembre 1968.
56 Maurice Baquet dans le métro, 1958.
57 *Violoncelle prend deux ailes*, Chamonix, 1957.
58h Doisneau en prise de vue.
58b Publicité Simca pour le modèle Élysée 58, 1958.
59 « Couple tire-bouchon », publicité Lesur, 1961.
60 Le canal de l'Ourcq, 1957.
60-61 Invitation à l'exposition « Robert Doisneau » à la Bibliothèque nationale, 26 septembre 1968.
61 Double page du *Paris de Robert Doisneau et Max-Pol Fouchet*, Les éditeurs français réunis, 1974.
62h *Les cygnes gonflables*, Palm Springs, 1960.
62b Agenda de Doisneau, voyage en Union soviétique, 7 septembre 1967.
63 Couverture de *La Loire. Journal d'un voyage*, Filipacchi-Denoël, 1978.

CHAPITRE 4

64 *La maison des locataires*, montage de 1962.
65 *Les enfants de la place Hébert*, Paris XVIIIe, 1957.
66 Autoportrait au Rolleiflex, mars 1953.
66-67 « La défense du 6×6 » par Robert Doisneau, *Point de vue*, janvier 1963.
67 Armoire de matériel photographique de Doisneau à l'atelier, Montrouge, photographié par Peter Hamilton, novembre 1991.
68 *Café noir et blanc*, Joinville-le-Pont, 1948.
69 « Une journée avec Mazout-Service » par Robert Doisneau, *Le Trait d'union, Société générale des huiles de pétrole BP*, n° 25, avril-mai 1954.
70h *Baiser Blotto*, Paris, 1950.
70b Couverture de *La Pêche à la truite* de Marius Mermillon, Les éditions Braun & Cie, 1976.
71 *Robert Doisneau pêchant*, photographié par René-Jacques, Lagny, 1950.
72 *Dans le train de Juvisy*, 1947.
73h *Le lapin de Monsieur Barabé*, Montrouge, 1945.
73b *Paul Barabé prenant la Bastille*, Montrouge, 1946.
74h « Robert Doisneau, his vision is keen, his camera is ready, and his pictures are… funny ! », *Infinity*, février 1959.
74b *Fox-terrier au pont des Arts*, Paris VIe, 1953.
75 *Le garde et les ballons*, Paris, 1946.
76 *Vénus prise à la gorge*, jardin des Tuileries, 1964.
76-77 *Vice et Versailles*, 1966.
78 *Les animaux supérieurs*, 1954.
78-79 *Les coiffeuses au soleil*, Paris, juin 1966.
80-81 *Les 20 ans de Josette*, Gentilly, 21 juin 1947.

CHAPITRE 5

82 « Mademoiselle Anita est triste, Robert Doisneau est mort », couverture de *Libération*, samedi 2 et dimanche 3 avril 1994.
83 Couverture de *À l'imparfait de l'objectif*, Actes Sud, coll. « Babel », 1989.
84 Couverture de *Trois secondes d'éternité*, Contrejour, 1979.
84-85 « Doisneau, poète et banliusard », *Le Figaro*, 26 juin 1979.
85 *Trois petits enfants blancs*, 1971.
86-87 *Cité des Beaudottes*, 1984.
87 Nanterre depuis la terrasse du parking de la préfecture, 1984.
88h *Sabine chez Gégène*, Joinville-le-Pont, juillet 1985.
88b Couverture des *Grandes Vacances*, texte de Daniel Pennac, Hoëbeke, 1991.
89 Les Rita Mitsouko à la Villette, 13 octobre 1988.
90h Carte postale, reproduction de *Baiser*, « Hommage à Doisneau », Michel Faure, acrylique sur toile, 1989.
90b *Le baiser de l'Hôtel de Ville* en couverture de *Télérama*, n° 2007, 2 au 8 juillet 1988.
91h L'Almanach de la photo 1991, Oberthur.
91b SOS racisme, mars 2006, photo de Doisneau modifiée par Bernard Matussière.
92 Robert Doisneau à l'atelier photographié par Peter Turnley, 1983.
93 « La photo de mode », notes manuscrites

de Doisneau, agenda de l'année 1976.
94h Plaque commémorative sur l'immeuble abritant l'appartement et l'atelier de Doisneau, Montrouge.
94b Dos d'un tirage conservé à l'atelier Robert-Doisneau.
95 L'atelier au fish-eye, avril 1968.
96 *La dernière valse du 14 juillet*, Paris VIe, 1949.

TÉMOIGNAGES ET DOCUMENTS

97 Autoportrait au Rolleiflex, 1947.
108 « La leçon de violon au Kremlin », page d'un cahier de Doisneau, vers 1975.
124 *Trafic d'affluence*, place de la Madeleine, Paris VIIIe, 1951.

INDEX DES ŒUVRES ET DES OUVRAGES DE DOISNEAU

PHOTOS

20 ans de Josette, Les 80.
Animaux supérieurs, Les 74, 78.
Baiser de l'Hôtel de Ville, Le 45, 70, 74, 89, 90, 91, *91*.
Canal de l'Ourcq, Le 61.
Cheval tombé, Le 23.
Coiffeuses au soleil, Les 79.
Cygnes gonflables, Les 62.
Dernière valse du 14 juillet, La 95.
Enfants de la place Hébert, Les 65.
Garde et les ballons, Le 75.
Innocent, L' 74.

Joconde, La 69.
Maison des locataires, La 65.
Pont des Arts, Le 69, 74.
Première maîtresse, La 18.
Repos du FFI, Le 25.
Stricte intimité, La 29, 74.
Trois petits enfants blancs 85.
Vénus prise à la gorge 76.
Vice et Versailles 74, 77.
Vitrine de Romi, La 36, 36, 44, 69, 74.

OUVRAGES

1, 2, 3, 4, 5 compter en s'amusant 59.
À l'imparfait de l'objectif 39, 49, 51, 55, 83, 87, 92, 93.
Ballade pour violoncelle et chambre noire (avec M. Baquet) 57.
Banlieue de Paris, La (avec B. Cendrars) 29, 32, 33, *33*, 38, 40, 41, *41*, 87.
Catherine la danseuse 59.
Des doigts pleins d'encre (avec F. Cavanna) 88.
Doisneau 40/44 (avec P. Ory) 94.
Gosses de Paris, Les (avec J. Donquès) 39, 88.
Grandes Vacances, Les (avec D. Pennac) 88, *88*.
Instantanés de Paris (avec A. Plécy) 36, 39, 41, *41*, 44, 73, 92.
Loire. Journal d'un voyage, La 84, 92.
Marius le forestier (avec D. Halévy) 59.
Paris de Robert Doisneau et Max-Pol Fouchet, Le (avec M.-P. Fouchet) 61, *61*.

Parisiens tels qu'ils sont, Les (avec R. Giraud et M. Ragon) 39, 41, *41*, 90.
Pour que Paris soit (avec E. Triolet) *38*, 39, 41, 44.
Trois secondes d'éternité 13, 14, 37, 84, 85, *85*, 90, 92.
Un certain Robert Doisneau 66, 92, 94.
Vie de famille, La (avec D. Pennac) 88.
Vin des rues, Le (avec R. Giraud) 36, 87.

INDEX

A

Action (revue) 31, *31*, 49.
Actuel (revue) 89.
Agathe Gaillard, galerie 89.
Agfa 22.
Air France revue 59.
Aix-en-Provence 32.
Allemagne 24, 44, 45.
Alliance Photo, agence 31.
Alsace 24, 63, 94.
Amson, Marcel *42*.
Âne rouge, L' (G. Simenon) 32.
Angleterre 63.
Ardèche 63, 94.
Arles 61, 84, 94.
Arthaud, éditions 40.
Art Institute of Chicago 45, *45*, 75.
Art moderne de la Ville de Paris, musée d' 84.
Arts décoratifs, musée des 60, 61.
Association nationale des journalistes reporters photographes 48.
Atget, Eugène 14, 23, 93.
Auradon, Jean-Marie *42*.
Azéma, Sabine 88, *89*, 93.

INDEX

B

Baquet, Maurice 37, 55, 57.
Barabé, Paul 73.
Bauhaus 17.
Beaudottes, cité des 86.
Belgique 63.
Belleville-Ménilmontant (W. Ronis/P. Mac Orlan) 40.
Betz, Pierre 31, 49, 54, 71.
Bibliothèque nationale 43, 60, *60*, 61.
Binoche, Juliette 88.
Bonjour, Monsieur Doisneau (S. Azéma) 93.
Bornet, Françoise 90, 91.
Boubat, Édouard 44, 77.
Boucher, Pierre 57.
Boulogne, bois de 20, *20*.
Boulogne-Billancourt 20, *20*, 94.
Bovis, Marcel 19, 42.
BP (British Petroleum) 69.
Brassaï *19*, 23, 38, 40, 44, 77, 92, 93.
Braun, Pierre 71.
Bref (revue) 73.
Brihat, Denis *43*.
Brochet Club 71.
Brunhoff, Michel de 50, 54.
Buñuel, Luis 17.

C

Caméra (revue) 44.
Caméra-films, société 19.
Carco, Francis 32.
Carnavalet, musée 73.
Carné, Marcel 38, 85.
Carteaud, Jacques 90.
Cartier-Bresson, Henri 31, 44, *66*, 85, 93.
Cavanna, François 87.
Cazals, Patrick 93.
Céline, Louis-Ferdinand 17.

Cendrars, Blaise 29, *29*, 32, *32*, 33, 36, 38, 41, 80, 92, *92*.
Cercle de la librairie 42.
César 37.
CGT (Confédération générale du travail) 50, *51*.
Chalon-sur-Saône 84.
Charles-Roux, Edmonde 50, *51*, 54.
Chauffard, Lucien 16, 20, 23.
Chaumaison, Pierrette 20.
Chevalier, Maurice 61.
Chevallier, Yvonne 42.
Chevrier, Jean-François *23*.
Chien andalou, Le (L. Buñuel) 17.
Choisy-le-Roi 14.
Citroën *91*.
Clair Foyer (revue) 53.
Claudine (revue) 53.
Clébert, Jean-Paul 38.
Coco 37.
Colette 55.
Comédie-Française *54*.
Confédération française de la photographie 43.
Corbassière, Yves 91.
Courtade, Pierre 31.
Crédit lyonnais 59.

D

Datar (Délégation à l'aménagement du territoire et de l'attractivité territoriale) 86, *86*.
Delarue, Jacques 36.
Delpire, Robert 40, *41*.
Denoël, éditions 32.
Dieuzaide, Jean 43.
Doisneau
 – Annette 24, *53*;
 – Francine 24, *53*;
 – Pierrette 20, *53*, 94.
Doisneau des villes, Doisneau des champs (P. Cazals) 93.

Doisneau/Prévert 39.
Dordogne 23.
Dubois, Jacques 59.
Dufy, Raoul 17.
Duval, Sylvie 14.

E

Enfant de Paris, L' (C. Roy) 39.
Engels, Friedrich 22.
Ermanox 66.
Espagne 63.
Estienne, École 14, 15, 18, 25.
États-Unis 16, 44, 45, 48, 79, 89.
Excelsior (journal) 19, *19*.
Express, L' (revue) 67.

F

Fallet, René 38.
Femmes françaises (revue) 53.
Folding 17.
Fortune (revue) 63.
Fouchet, Max-Pol 61, *61*.
France Magazine 53.

G

Garban, André 42, *42* 43.
Gentilly 14, *14*, 17, *33*, 86.
Gens d'Images, association 43.
Giono, Jean 22.
Giraud, Robert 36, *37*, 41, 50, 78, 92.
Grosset, Raymond 31, 48, *49*.
Groupe des XV 42, *42*, 60.
Guilde du Livre 39, 58.

H

Halles, les *37*, 58, 61.
Hamilton, Peter *23*, 32, 67, 71, 93.
Hardellet, René 38.
Hélion, Jean 85.
Hers, François 86.
Hines, Lewis 49.
Hollywood 63.

I-J

Infinity (revue) 44, 75.
Issy-les-Moulineaux *14*.
Ivry, porte d' 23.
Izis 40, 45, 77.

Jahan, Pierre *42*.

K

Kertész, André *19*, 23, 44.
Kodak 22, 42 ;
 – prix 43.
Krasucki, Henri *51*.

L

La Fontaine, Jean de *85*.
Landau, Ergy 23, *49*.
Lartigue, Jacques Henri 84.
Latarjet, Bernard 86.
Lavergne, époux 90.
Leica *66*, 67.
Lesur, tissus 59.
Libération (journal) 83.
Libération de Paris 25, *25*, 29, 30, 31.
Life (revue) 45, 63, 70, 90, *91*.
Limousin 63, 94.
Loire 63, *63*, 92.
Lorelle, Lucien *42*, *42*.
Lot 31, 62.

M

Mac Orlan, Pierre 32, 38, 40, 92.
Magazine littéraire, Le (revue) 92.
Magnum, agence 31.
Maillol, Aristide 76.
Manifeste du parti communiste (K. Marx et F. Engels) 21.
Marx, Karl 22.
Masclet, Daniel 42, *42*.
Maubert, place 37.
Mermoud, Albert 40.
Michaud, Jean *42*.
Minneapolis 45.
Monde, Le (journal) 60, *60*.
Montparnasse 16.
Montrouge 14, *15*, 20, 23, 24, *29*, 94.

Morand, Paul 40.
Moreau, Jeanne 54.
Museum of Modern Art 45.
My Paris (M. Chevalier) 61.

N

Nadar, Félix 85, 93.
Nancy 14.
Nanterre 86.
Napoléon Ier 24, 25.
New York 44, 63.
Niépce
— Janine 43, 50, 67;
— Nicéphore 43;
— prix 43.
Notre-Dame-de-Bellegarde 22.
Nouveaux Destins de l'intelligence française, Les 24, 25.
Nouvelle-Orléans, La 45.

O

Octobre, groupe 17, 57.
Œil, L' (revue) 54.
Orangina 58.

P

Palm Springs 62, 63, 94.
Palm Springs 1960 62, 94.
Paris de nuit (Brassaï) 23, 40.
Paris de Robert Doisneau, Le (F. Porcile) 93.
Paris des rêves (Izis) 40.
Paris insolite (J.-P Clébert) 38.
Paris Match (revue) 50, 54.
Parisien libéré, Le (journal) 43.
Pascaud, galerie 42.
PCF (Parti communiste français) 48, 49, 51, 78.
Pennac, Daniel 88, 88, 92.
Perrault, Charles 85.

Petit Chaperon rouge, Le (Ch. Perrault) 85.
Petit Poucet, Le (Ch. Perrault) 85.
Peupliers, poterne des 14, 17.
Photo League 44.
Photo Poche, collection 85.
Photography Annual (revue) 44.
Picasso, Pablo 55, 55.
Playtime (J. Tati) 60.
Plécy, Albert 41, 43, 49, 50.
Poète et piéton (F. Porcile) 93.
Point, Le (revue) 25, 31, 49, 55, 71.
Point de vue Images du monde (revue) 36, 36, 37, 43, 49, 66.
Poitou 24.
Pollack, Peter 45, 75.
Pontremoli, Enrico 25, 25.
Porcile, François 93.
Portes de la nuit, Les (M. Carné) 38.
Pottier, Philippe 42.
Prévert
— frères 17, 37, 38, 57;
— Jacques 36, 37, 38, 39, 48, 68, 84, 85, 92, 92.
Puces, marché aux (Saint-Ouen) 19, 19.

Q

Quai des brumes, Le (M. Carné) 38.
Queneau, Raymond 38, 55.

R

Rado, Charles 23, 24, 31.
Ragon, Michel 36.
Rapho, agence 31, 43, 48, 49.
Ray, Man 17, 93.
Réalités (revue) 49.
Réattu, musée (Arles) 60.
Regards (revue) 49, 80.

Renault 20, 20, 21, 21, 22, 58, 94.
Rencontres de la photographie (Arles) 84.
René-Jacques 42, 42, 71.
Reuilly, rue de 38.
Richardot 37.
Rita Mitsouko, les 88, 89.
Rolleiflex 19, 23, 42, 66, 66, 67.
Romi, Robert Miquel, dit 36, 36, 37, 37, 44, 50, 69, 69.
Ronis, Willy 31, 36, 40, 42, 42, 44, 77.
Rouaud, Jean 92.
Roumette, Sylvain 18, 33, 68, 74, 79, 85.
Rourke, Mickey 88.
Roy, Claude 39, 40.

S

Saint-Céré 63.
Saint-Denis 86.
Saint-Gobain 58.
Saint-Ouen 19.
Savignac, Raymond 75.
Savitry, Émile 31.
Schöffer, Nicolas 55.
Séeberger, Jean 31, 42.
Seghers, éditions 32, 40.
Séguy, Georges 51.
Seine, rue de 36, 74.
Sempé 75.
Sieff, Jeanloup 63.
Siégel, établissements 16, 17.
Sillage (revue) 53.
Simca 58, 58.
Simenon, Georges 17, 32.
Soir, Le (journal) 70.
SOS Racisme 90, 90.
Sougez, Emmanuel 42, 42.
Souillac 31.
Speed Graphic 59.
Steichen, Edward 45.
Steinert, Otto 45.
Stettner, Louis 44.
Sud Aviation 58.
Suisse 63.

T

Tati, Jacques 55, 60.
Tavernier, Bertrand 89.
Télérama (revue) 90.
Titanic, le 14.
Trait d'union, Le (revue) 69.
Trauner, Alexandre 85.
Triolet, Elsa 41, 48.
Turnley, Peter 92.

U

Ullmann, atelier 16, 16, 17.
Un dimanche à la campagne (B. Tavernier) 89.
Union soviétique 51, 63, 63.
US Camera (revue) 44.

V

Vallauris 55.
Vaugirard, abattoirs de 14.
Vautrin, Jean 88.
Vers, André 38.
Vie catholique, La (revue) 81.
Vie catholique illustrée, La (revue) 53.
Vie et santé (revue) 53.
Vie Ouvrière, La (revue) 49, 50, 51, 63.
Vigneau, André 16, 17, 17, 19, 37.
Villette, abattoirs de La 58.
Vogue (revue) 48, 49, 50, 51, 54, 93, 94.
Vox, Maximilien 32, 37, 54.
Voyage au bout de la nuit (L.-F. Céline) 17.
Voyage dans Paris (P. Mac Orlan) 38.
Vrai (revue) 25, 54.

W-Y

Weiss, Sabine 31, 49.
Witkin, galerie 89.

Yougoslavie 63.

CRÉDITS PHOTOGRAPHIQUES

Tous les crédits sont Atelier Robert-Doisneau, sauf mentions ci-dessous :
Actes Sud 83. Arthaud 40g, 41d. Les éditions Braun & Cie 70b. Cercle d'Art 41g. Collection Centre Pompidou, dist. RMN / image Centre Pompidou, Paris 17, 42-43. Collection particulière 47. Contrejour 84. Delpire 40m. Les éditeurs français réunis 61. *L'Excelsior* 19. Michel Faure/DR 90h. *Femmes françaises* 53h. *Le Figaro* 84-85. Filipacchi-Denoël 63. *France Magazine* 53b. Archives Gallimard 94h. Peter Hamilton 67. Hoëbeke 88b. *Infinity* 44, 74h. *Libération* 82. *Life* 44-45b, 55. Ministère de la Culture - Médiathèque du Patrimoine, dist. RMN 71. Oberthur 91h. Pierre Seghers éditeur 29. *Point de vue Images du monde* 30, 36, 66-67. SOS racisme 91b. *Télérama* 90b. Peter Turnley 92. Union bibliophile de France 24-25. *La Vie catholique illustrée* 52. *La Vie Ouvrière* 50.
Frédéric Hanoteau/Éditions Gallimard 15h, 24-25, 30, 31, 34-35, 36, 44, 52, 53h, 53b, 55, 59, 61, 66-67, 69, 82, 83, 84.

REMERCIEMENTS

L'auteur tient à remercier Francine Deroudille et Annette Doisneau pour leur confiance et leur relecture attentive, érudite et bienveillante du manuscrit, ainsi que Clément Chéroux, Charlotte Écorcheville, Anaïs Feyeux, Lucie Le Corre pour l'aide et les informations fournies.
Toute l'équipe éditoriale de Gallimard tient à exprimer sa reconnaissance à Annette Doisneau et Francine Deroudille qui sont à l'origine de la programmation de ce livre. Généreuses et enthousiastes, elles ont été un soutien de tous les moments.

ÉDITION ET FABRICATION

DÉCOUVERTES GALLIMARD
COLLECTION CONÇUE PAR Pierre Marchand.
DIRECTION Élisabeth de Farcy.
COORDINATION ÉDITORIALE Anne Lemaire.
GRAPHISME Alain Gouessant.
COORDINATION ICONOGRAPHIQUE Isabelle de Latour.
SUIVI DE PRODUCTION Perrine Auclair.
CHEF DE PROJET PARTENARIAT Madeleine Giai-Levra.
RESPONSABLE COMMUNICATION ET PRESSE Valérie Tolstoï.
PRESSE David Ducreux.

ROBERT DOISNEAU, « PÊCHEUR D'IMAGES »
ÉDITION et ICONOGRAPHIE Charlotte Écorcheville.
MAQUETTE Alain Gouessant.
LECTURE-CORRECTION Pierre Granet et Jocelyne Moussart.
PHOTOGRAVURE Studio NC.

Chef du cabinet de la photographie du Musée national d'art moderne, Centre Pompidou, Quentin Bajac a été dans ces dernières années le commissaire de nombreuses expositions, tant sur la photographie moderne – « Jacques Henri Lartigue », 2003, « La subversion des images-Surréalisme, film et photographie », 2009, « Brancusi, film, photographie », 2011 – que contemporaine – « Bernd et Hilla Becher », 2004 ; « William Klein », 2005, « Les peintres de la vie moderne », 2006, « Miroslav Tichy », 2008, « Dreamlands », 2010.
Il est l'auteur dans la collection Découvertes Gallimard d'une histoire de la photographie en trois volumes.

Tous droits de traduction
et d'adaptation réservés
pour tous pays
© Gallimard 2012
© Atelier Robert-Doisneau 2012 pour les œuvres représentées

Dépôt légal : février 2012
Numéro d'édition : 238520
ISBN : 978-2-07-044581-3
Imprimé en France par Loire Offset Titoulet